改訂3版

甲種危険物予想問題集

中嶋 登 著

電気書院

はじめに

　危険物取扱者試験は，ここ数年50万人の受験者数を要する老若男女に人気のある国家試験であります．この資格の内容を説明する場合に，ガソリンスタンドで取り扱うガソリンや軽油，灯油の作業に従事するための資格であると他人に簡単に説明すると理解されやすい．

　実際には，最も受験者数の多い乙種第4類危険物取扱者が取り扱う可燃性液体だけでも約8000種もあるといわれ，国内の化学工場だけではなくあらゆる工場で指定数量以上の危険物を貯蔵，取り扱っていることになり，消防法で規定する危険物取扱者にそれぞれ責任ある業務に従事させなければならないのです．

　また，消防法では危険物の種類を第1類から第6類に区分し，これら各類ごとに国家試験によって乙種第1類危険物取扱者から乙種第6類危険物取扱者までの資格取得者に，それぞれの類の危険物の取り扱いに従事させ火災，爆発等の災害の発生を未然に防止し，快適な職場環境をめざしています．

　一方で，甲種危険物取扱者試験は，消防法で規定するすべての危険物（第1類から第6類）を取り扱うことができることから，他の危険物取扱者試験と異なり，受験資格に一定の要件を規定しています．

　このように，この試験の範囲は広範囲であって，甲種危険物の基本書だけでは必ずしも十分ではなく，また，合格できる内容を理解することが大変であり，この試験の予想問題集が嘱望されており，一回の試験での合格を勝ち得るためには，多くの問題を解くことがその内容の効果的な理解につながります．

　この試験の合否は，「物理・化学」の計算問題の理解にあるといわれています．
　本書の繰り返しの学習によって短期に合格されることを期待します．
　平成15年5月

著　者

3段階の重要度表示

予想問題1から予想問題7の各問題には，その出題頻度あるいは重要度により，下記のとおり，3段階の表示をしておりますので，繰返し学習あるいは直前の確認等において，各自工夫してお役立てください．

★★ 最重要問題（類似の問題が多く出題される可能性あり）
★ 中間的な問題
☆ 出題頻度の比較的低い問題

改訂3版「甲種危険物予想問題集」もくじ

はじめに —— 3
甲種危険物取扱者試験受験案内 —— 7

予想問題1 —— 13
予想問題2 —— 29
予想問題3 —— 45
予想問題4 —— 61
予想問題5 —— 79
予想問題6 —— 95
予想問題7 —— 111

解　答
　予想問題1の解答 —— 128
　予想問題2の解答 —— 137
　予想問題3の解答 —— 146
　予想問題4の解答 —— 155
　予想問題5の解答 —— 166
　予想問題6の解答 —— 176
　予想問題7の解答 —— 187

付　録
　新予想問題 —— 193
　物理学・化学の重要問題 —— 217

甲種危険物取扱者試験受験案内

　甲種危険物取扱者試験は，消防法の規定により，都道府県知事が実施し，合格した者に甲種危険物取扱者免状を与えることになっています．

試験の期日
　都道府県によって，実施期日・試験回数がまちまちですから，受験を希望する都道府県の一般財団法人消防試験研究センター各支部等や中央試験センター（後掲）に，問い合わせて確認しておくことが大切です．

受験資格
　甲種危険物取扱者試験を受験する方は，一定の資格が必要です．
　次頁の表を参照してください．

甲種受験資格を証明するのに必要な書類
(1) 大学卒業等の資格（化学に関するもの）で受験される方（下表のいずれか一つ）

卒業証書	コピー
卒業証明書・単位修得証明書等	原　本

(2) 危険物取扱者免状を有する方（実務経験2年以上）
　乙種危険物取扱者免状を取得後，危険物製造所等において，2年以上の実務経験を有することを証明する実務経験証明書及び乙種危険物取扱者免状のコピー

(3) 次の4種類以上の乙種危険物取扱者免状の交付を受けている方
　第1類又は第6類，第2類又は第4類，第3類，第5類の乙種危険物取扱者免状のコピー

試験時間および受験手数料
　試験時間（甲種）：2時間30分　　試験手数料（甲種）：5,000円

受験申請に必要な書類
　受験案内，受験願書及び試験手数料振込用紙等は，一般財団法人消防試験研究センター各支部等へ問い合わせてください．

甲種危険物取扱者試験の受験資格

対象者	大学等及び資格詳細	願書資格欄記入略称	証明書類
〔1〕大学等において化学に関する学科等を修めて卒業した者	大学，短期大学，高等専門学校，専修学校，高等学校の専攻科，中等教育学校の専攻科，防衛大学校，職業能力開発総合大学校，職業能力開発大学校，職業能力開発短期大学校，外国に所在する大学等	大学等卒	卒業証明書又は卒業証書（学科等の名称が明記されているもの）
〔2〕大学等において化学に関する授業科目を15単位以上修得した者	大学，短期大学，高等専門学校（高等専門学校にあっては専門科目に限る．），大学院，専修学校，大学，短期大学，高等専門学校の専攻科，防衛大学校，防衛医科大学校，水産大学校，海上保安大学校，気象大学校，職業能力開発総合大学校，職業能力開発大学校，職業能力開発短期大学校，外国に所在する大学等	15単位	単位修得証明書又は成績証明書（修得単位が明記されているもの）
〔3〕乙種危険物取扱者免状を有する者	乙種危険物取扱者免状の交付を受けた後，危険物製造所等における危険物取扱いの実務経験が2年以上の者	実務2年	乙種危険物取扱者免状及び乙種危険物取扱実務経験証明書
	次の4種類以上の乙種危険物取扱者免状の交付を受けている者 ○第1類又は第6類○第2類又は第4類 ○第3類○第5類	4種類	乙種危険物取扱者免状
〔4〕修士・博士の学位を有する者	修士，博士の学位を授与された者で，化学に関する事項を専攻したもの（外国の同学位も含む．）	学位	学位記等（専攻等の名称が明記されているもの）

［備考］
1. 〔1〕の高等学校及び中等教育学校の専攻科については修業年限が2年以上のものに限ります．
2. 〔1〕〔2〕の専修学校については，修業年限2年以上，総授業時数1700時間以上の専門課程に限り認められ，証明書類として表の書類のほか次のいずれかの書面が必要になります．
   - 専門士又は高度専門士の称号が付与されていることを証明する書面又はその写し
   - 専修学校の専門課程の修業年限が2年以上で，かつ，課程の修了に要する総授業時数が1700時間以上であることを証明する書面
3. 〔2〕の大学，短期大学，高等専門学校，大学院等における修得単位は，卒業，在学中，中途退学又は通信教育等にかかわりなく算定することができます．放送大学も同様に算定できます．
4. 〔3〕の「乙種危険物取扱実務経験証明書」は，事業主等の証明書です．受験願書のB面裏の様式を使用してください．
5. 旧大学，旧専門学校，高等師範学校，実業学校教員養成所等の卒業者及び単位修得者，専門学校卒業程度検定試験合格者も受験資格を有する場合があります．詳細はお問い合わせください．
6. 過去に甲種危険物取扱者試験の受験申請をしたことのある方は，その時の受験票又は試験結果通知書を提出することにより受験資格の証明書に代えることができます．（コピー不可）
7. 「願書資格欄記入略称」は，受験願書の「甲種受験資格」欄に記入するものです．

試験科目
(1) 危険物に関する法令：15問
(2) 物理学及び化学：10問
(3) 危険物の性質並びにその火災予防及び消火の方法：20問
以上，合計45問です．

●試験の問い合わせ先●

　各都道府県の一般財団法人消防試験研究センター等，試験の問い合わせ先を紹介します．受験に当たっては，前もって確認をしておくことが大切です．

北海道　一般財団法人消防試験研究センター北海道支部　☎ 011-205-5371
　　　　〒060-8603 札幌市中央区北5条西6-2-2　札幌センタービル12階
青森県　一般財団法人消防試験研究センター青森県支部　☎ 017-722-1902
　　　　〒030-0861 青森市長島2-1-5　みどりやビルディング4階
岩手県　一般財団法人消防試験研究センター岩手県支部　☎ 019-654-7006
　　　　〒020-0015 盛岡市本町通1-9-14　JT本町通ビル5階
宮城県　一般財団法人消防試験研究センター宮城県支部　☎ 022-276-4840
　　　　〒981-8577 仙台市青葉区堤通雨宮町4-17　県仙台合同庁舎5階
秋田県　一般財団法人消防試験研究センター秋田県支部　☎ 018-836-5673
　　　　〒010-0001 秋田市中通6-7-9　秋田県畜産会館6階
山形県　一般財団法人消防試験研究センター山形県支部　☎ 023-631-0761
　　　　〒990-0025 山形市あこや町3-15-40　田代ビル2階
福島県　一般財団法人消防試験研究センター福島県支部　☎ 024-524-1474
　　　　〒960-8043 福島市中町4-20　みんゆうビル2階
茨城県　一般財団法人消防試験研究センター茨城県支部　☎ 029-301-1150
　　　　〒310-0852 水戸市笠原町978-25　茨城県開発公社ビル4階
栃木県　一般財団法人消防試験研究センター栃木県支部　☎ 028-624-1022
　　　　〒320-0032 宇都宮市昭和1-2-16　県自治会館1階
群馬県　一般財団法人消防試験研究センター群馬県支部　☎ 027-280-6123
　　　　〒371-0854 前橋市大渡町1-10-7　群馬県公社総合ビル5階

| 埼玉県 | 一般財団法人消防試験研究センター埼玉県支部 | ☎ 048-832-0747 |

〒330-0062 さいたま市浦和区仲町 2-13-8　ほまれ会館 2 階

| 千葉県 | 一般財団法人消防試験研究センター千葉県支部 | ☎ 043-268-0381 |

〒260-0843 千葉市中央区末広 2-14-1　ワクボビル 3 階

| 東京都 | 一般財団法人消防試験研究センター中央試験センター | ☎ 03-3460-7798 |

〒151-0072 渋谷区幡ヶ谷 1-13-20

| 神奈川県 | 一般財団法人消防試験研究センター神奈川県支部 | ☎ 045-633-5051 |

〒231-0015 横浜市中区尾上町 5-80　神奈川中小企業センター 7 階

| 新潟県 | 一般財団法人消防試験研究センター新潟県支部 | ☎ 025-285-7774 |

〒950-0965 新潟市中央区新光町 10-3　技術士センタービル II 7 階

| 富山県 | 一般財団法人消防試験研究センター富山県支部 | ☎ 076-491-5565 |

〒939-8201 富山市花園町 4-5-20　県防災センター 2 階

| 石川県 | 一般財団法人消防試験研究センター石川県支部 | ☎ 076-264-4884 |

〒920-0901 金沢市彦三町 2-5-27　名鉄北陸開発ビル 7 階

| 福井県 | 一般財団法人消防試験研究センター福井県支部 | ☎ 0776-21-7090 |

〒910-0003 福井市松本 3-16-10　県福井合同庁舎 5 階

| 山梨県 | 一般財団法人消防試験研究センター山梨県支部 | ☎ 055-253-0099 |

〒400-0026 甲府市塩部 2-2-15　湯村自動車学校内

| 長野県 | 一般財団法人消防試験研究センター長野県支部 | ☎ 026-232-0871 |

〒380-0837 長野市大字南長野字幅下 692-2　県庁東庁舎 1 階

| 岐阜県 | 一般財団法人消防試験研究センター岐阜県支部 | ☎ 058-274-3210 |

〒500 8384 岐阜市藪田南 1-5-1　第 2 松波ビル 2 階

| 静岡県 | 一般財団法人消防試験研究センター静岡県支部 | ☎ 054-271-7140 |

〒420-0034 静岡市葵区常磐町 1-4-11　杉徳ビル 4 階

| 愛知県 | 一般財団法人消防試験研究センター愛知県支部 | ☎ 052-962-1503 |

〒461-0011 名古屋市東区白壁 1-50　県白壁庁舎 2 階

| 三重県 | 一般財団法人消防試験研究センター三重県支部 | ☎ 059-226-8930 |

〒514-0002 津市島崎町 314　島崎会館 1 階

| 滋賀県 | 一般財団法人消防試験研究センター滋賀県支部 | ☎ 077-525-2977 |

〒520-0806 大津市打出浜 2-1　コラボしが 21 4 階

京都府	一般財団法人消防試験研究センター京都府支部	☎	075-411-0095
	602-8054 京都市上京区出水通油小路東入丁字風呂町 104-2 京都府庁西別館 3 階		
大阪府	一般財団法人消防試験研究センター大阪府支部	☎	06-6941-8430
	〒540-0012 大阪市中央区谷町 2-9-3　ガレリヤ大手前ビル 2 階		
兵庫県	一般財団法人消防試験研究センター兵庫県支部	☎	078-361-6610
	〒650-0011 神戸市中央区下山手通 5-12-7　協和ビル 5 階		
奈良県	一般財団法人消防試験研究センター奈良県支部	☎	0742-27-5119
	〒630-8301 奈良市高畑町菩提 1116-6　なら土連会館 3 階		
和歌山県	一般財団法人消防試験研究センター和歌山県支部	☎	073-425-3369
	〒640-8137 和歌山市吹上 2-1-22　日赤会館 6 階		
鳥取県	一般財団法人消防試験研究センター鳥取県支部	☎	0857-26-8389
	〒680-0011 鳥取市東町 1-271　鳥取県庁第 2 庁舎 8 階		
島根県	一般財団法人消防試験研究センター島根県支部	☎	0852-27-5819
	〒690-0882 松江市大輪町 420-1　県大輪町団体ビル 2 階		
岡山県	一般財団法人消防試験研究センター岡山県支部	☎	086-271-6727
	〒703-8245 岡山市中区藤原 25　岡山県自動車会館 2 階		
広島県	一般財団法人消防試験研究センター広島県支部	☎	082-223-7474
	〒730-0012 広島市中区上八丁堀 8-23　林業ビル 4 階		
山口県	一般財団法人消防試験研究センター山口県支部	☎	083-924-8679
	〒753-0072 山口市大手町 7-4　KRY ビル 5 階（県庁前）		
徳島県	一般財団法人消防試験研究センター徳島県支部	☎	088-652-1199
	〒770-0939 徳島市かちどき橋 1-41　県林業センター 4 階		
香川県	一般財団法人消防試験研究センター香川県支部	☎	087-823-2881
	〒760-0066 高松市福岡町 2-2-2　香川県産業会館 4 階		
愛媛県	一般財団法人消防試験研究センター愛媛県支部	☎	089-932-8808
	〒790-0011 松山市千舟町 4-5-4　松山千舟 454 ビル 5 階		
高知県	一般財団法人消防試験研究センター高知県支部	☎	088-882-8286
	〒780-0823 高知市菜園場町 1-21　四国総合ビル 4 階 401 号		

| 福岡県 | 一般財団法人消防試験研究センター福岡県支部 | ☎ 092-282-2421 |

〒812-0034 福岡市博多区下呉服町1-15　ふくおか石油会館3階

| 佐賀県 | 一般財団法人消防試験研究センター佐賀県支部 | ☎ 0952-22-5602 |

〒840-0831 佐賀市松原1-2-35　佐賀商工会館西別館2階

| 長崎県 | 一般財団法人消防試験研究センター長崎県支部 | ☎ 095-822-5999 |

〒850-0032 長崎市興善町6-5　興善町イーストビル5階

| 熊本県 | 一般財団法人消防試験研究センター熊本県支部 | ☎ 096-364-5005 |

〒862-0976 熊本市中央区九品寺1-11-4　熊本県教育会館4階

| 大分県 | 一般財団法人消防試験研究センター大分県支部 | ☎ 097-537-0427 |

〒870-0023 大分市長浜町2-12-10　昭栄ビル2階

| 宮崎県 | 一般財団法人消防試験研究センター宮崎県支部 | ☎ 0985-22-0239 |

〒880-0805 宮崎市橘通東2-7-18　宮崎県住宅供給公社ビル4階

| 鹿児島県 | 一般財団法人消防試験研究センター鹿児島県支部 | ☎ 099-213-4577 |

〒890-0064 鹿児島市鴨池新町6-6　鴨池南国ビル3階

| 沖縄県 | 一般財団法人消防試験研究センター沖縄県支部 | ☎ 098-941-5201 |

〒900-0029 那覇市旭町116-37　自治会館6階

(平成26年3月現在)

●消防試験研究センターのホームページアドレス

　http://www.shoubo-shiken.or.jp

　各支部ごとの試験日，受験願書受付期間など紹介されていますので，各自アクセスして，ご確認下さい．

予想問題 ①

解答時間：2時間30分
問題数：合計45問

1　危険物に関する法令　　15問
2　物理学及び化学　　　　10問
3　危険物の性質並びに
　　その火災予防及び消
　　火の方法　　　　　　20問

《危険物に関する法令》

★問1　法令上，次の文の【　】に当てはまるものはどれか．

「特殊引火物とは，ジエチルエーテル，二硫化炭素その他1気圧において，発火点が100℃以下のもの又は【　】で沸点が40℃以下のものをいう．」

(1) 引火点が－40℃以下
(2) 引火点が－30℃以下
(3) 引火点が－20℃以下
(4) 引火点が－10℃以下
(5) 引火点が0℃以下

★問2　指定数量未満の危険物の貯蔵・取扱い及び運搬について，正しいものは次のうちどれか．

(1) 貯蔵・取扱いについては全く規制はない．
(2) 運搬については，市町村条例により規制されている．
(3) すべて市町村条例により規制されている．
(4) 運搬については，指定数量に関係なく運搬方法・容器等が，消防法により規制されている．
(5) 貯蔵・取扱い及び運搬のいずれについても，全く規制はない．

★問3　次の文の【A】及び【B】に当てはまる語句の組合せとして正しいものはどれか．

「製造所等（移送取扱所を除く．）を設置するためには，消防本部及び消防署を置く市町村の区域では当該市町村長，その他の区域では当該区域を管轄する【A】の許可を受けなければならない．また，工事完了後には必ず【B】により，許可内容どおり設置されているかどうかの確認を受けなければならない．」

	A	B
(1)	市町村長	機能検査
(2)	都道府県知事	完成検査

(3) 都道府県知事　　　機能検査
(4) 市町村長　　　　　完成検査
(5) 消防長　　　　　　機能検査

★問4　危険物取扱者について，次のうち正しいものはどれか．
(1) 丙種危険物取扱者の取扱うことができる危険物は，ガソリン，灯油，軽油，第3石油類（重油，潤滑油及び引火点130°C以上のものに限る．），第4石油類，動植物油類である．
(2) 丙種危険物取扱者は，免状に指定されている危険物について，自ら取扱うことができる他，危険物取扱者以外の者が危険物を取扱う場合の立会いをすることもできる．
(3) 乙種危険物取扱者（第4類）は，特殊引火物を取扱うことができない．
(4) 免状の交付を受けていても，製造所等の所有者から選任されなければ，危険物取扱者ではない．
(5) 危険物施設保安員を置いている製造所等には，危険物取扱者を置く必要はない．

☆問5　危険物取扱者免状について，次のうち誤っているものはどれか．
(1) 免状は，全国で有効である．
(2) 免状の書換えは，当該免状を交付した都道府県知事に申請しなければならない．
(3) 免状の返納を命じられた者は，その日から起算して1年を経過しないと免状の交付を受けられない．
(4) 免状の交付を受けている者が，免状を亡失又は破損した場合は，免状の交付又は書換えをした都道府県知事にその再交付を申請することができる．
(5) 免状を亡失して，免状の再交付を受けた者が亡失した免状を発見した場合は，これを10日以内に再交付を受けた都道府県知事に提出しなければならない．

★問6 法令上，危険物施設保安員を選任しなければならない製造所等として，次のうち正しいものはどれか．
　(1) 製造所　　(2) 屋内貯蔵所　　(3) 屋外貯蔵所
　(4) 給油取扱所　　(5) 販売取扱所

★問7 定期点検のうち規則で定める漏れの点検の対象となっていない施設は，次のうちどれか．
　(1) 製造所の地下貯蔵タンク
　(2) 屋内タンク貯蔵所の屋内貯蔵タンク
　(3) 給油取扱所の専用タンク
　(4) 地下タンク貯蔵所の地下貯蔵タンク
　(5) 移動タンク貯蔵所の移動貯蔵タンク

☆問8 屋外タンク貯蔵所から一定の保安距離を有しなければならない建築物等と保安距離との組合せのうち，誤っているものはどれか．
　(1) 重要文化財————50m 以上
　(2) 老人ホーム————30m 以上
　(3) 小学校————30m 以上
　(4) 住　居————20m 以上
　(5) 高圧ガス施設————20m 以上

★問9 第4類の危険物を貯蔵し又は取扱う屋内貯蔵所に関する次の記述のうち，誤っているものはどれか．
　(1) 床は地盤面以下とすること．
　(2) 壁，柱，床は耐火構造とすること．
　(3) 屋根は不燃材料でつくること．
　(4) 窓及び出入口は防火設備を設けること．
　(5) 換気設備を設けること．

★問10　法令上,販売取扱所の区分並びに,位置,構造,又は設備の基準について,次のうち誤っているものはどれか.
(1) 販売取扱所は,指定数量の倍数が15以下の第1種販売取扱所と,指定数量の倍数が15を超え40以下の第2種販売取扱所とに区分される.
(2) 第1種販売取扱所は,建築物の1階に設置しなければならない.
(3) 建築物の第1種販売取扱所の用に供する部分は,壁を耐火構造又は不燃材料とし,その両面を防火構造としなければならない.
(4) 危険物を配合する室の床は,危険物が浸透しない構造とするとともに,適当な傾斜をつけ,かつ,ためますを設けなければならない.
(5) 建築物の第2種販売取扱所の用に供する部分には,窓を設置してはならない.

★問11　法令上,製造所等に設置する消火設備の区分として,次のうち正しいものはどれか.
(1) 消火設備は第1種から第6種までに区分されている.
(2) スプリンクラー設備は,第1種の消火設備である.
(3) 泡を放射する大型の消火器は,第3種の消火設備である.
(4) 消火粉末を放射する小型の消火器は,第4種の消火設備である.
(5) 乾燥砂は第5種の消火設備である.

☆問12　製造所等における危険物の貯蔵,取扱いの基準で,次のうち誤っているものはどれか.
(1) 危険物の施設には,みだりに係員以外の者を立ち入らせないこと.
(2) 屋内貯蔵所においては,容器に収納して貯蔵する危険物の温度は55℃を超えないように必要な措置を講ずること.
(3) 類が異なる危険物は,少量であっても,同一の貯蔵所に貯蔵しないこと.
(4) 貯蔵所においては,原則として危険物以外の物品を貯蔵しないこと.
(5) 給油取扱所でディーゼル自動車等に軽油を給油するときは,引火点が高いので原動機を停止しなくてもよい.

☆問13　ガソリンスタンドにおける取扱いの基準のうち正しいものはどれか．
　(1) 自動車のよごれがひどく，洗剤効率は良いが引火点を有する液体の洗剤を使用した．
　(2) 近くで，ガス欠の自動車の運転者の求めに応じてポリタンクにガソリンを入れて，給油をした．
　(3) 自動車に給油中に運転手がクーラーをかけっぱなしにして車内にいた．
　(4) ガソリンスタンドの所有者が事務所の2階に居住用の住居を建築した．
　(5) 大型トラックに給油中，車体の一部が道路境界線を越えていた．

☆問14　個別販売で灯油を 20ℓ 入り容器で 50 本を車両で販売する場合について，次のうち誤っているものはどれか．
　(1) 甲種，乙種第4類又は丙種危険物取扱者が同乗しなければならない．
　(2) 車両の前後に標識を備え付けなければならない．
　(3) 運搬容器は収納口を横に向けて積載する．
　(4) 車両には消火器を備え付けなければならない．
　(5) 運搬容器を積み重ねる場合は高さ 3m 以下にすること．

★問15　製造所等の使用停止命令の発令事由に該当する場合は，次のうちどれか．
　(1) 危険物保安監督者を選任していないとき．
　(2) 予防規程を承認を得ないで変更したとき．
　(3) 危険物施設保安員を選任していないとき．
　(4) 危険物取扱者が危険物保安講習を受講していないとき．
　(5) 施設の譲渡を受けて，その届出をしない場合．

《物理学及び化学》

★問16　下記の文において，【A】～【E】にあてはまる用語の組合せで，正しいものはどれか．

「液体の温度を上げると平均して構成分子の【A】が増加し，【B】にさからって液面から外へ飛び出て逃げる分子も増加する．すなわち，蒸発が促進される．したがって，液体の【C】は高くなり，【D】なったときに蒸発は液面だけでなく内部からも行われるようになる．この現象を【E】という．」

	A	B	C	D	E
(1)	位置エネルギー	表面張力	蒸気圧	1気圧に	凝　縮
(2)	運動エネルギー	表面張力	膨気圧	1気圧に	沸　騰
(3)	運動エネルギー	分子間引力	蒸気圧	外気圧に等しく	沸　騰
(4)	位置エネルギー	表面張力	蒸気圧	1気圧に	沸　騰
(5)	運動エネルギー	分子間引力	膨気圧	外気圧に等しく	凝　縮

☆問17　次の条件からベンゼン（C_6H_6）の可燃性蒸気の蒸気比重を計算したもののうち，正しいものはどれか．

ただし，原子量は C = 12，H = 1 とし，空気の平均分子量を 29 とする．

(1) 1.3　　(2) 1.8　　(3) 2.3　　(4) 2.7　　(5) 3.2

★問18　物体を単体，化合物及び混合物の3種類に分類したとき，混合物のみの組合せとなるのは，次のうちどれか．

(1) 硫酸と水素
(2) 硝酸と塩化ナトリウム
(3) 酸素と軽油
(4) ガソリンと空気
(5) アンモニアと水銀

☆**問19** 水素と酸素の反応式で酸素10ℓは，何ℓの水素を燃やすことができるか．次のうち，正しいものはどれか．

ヒント：2H₂ + O₂ → 2H₂O

(1) 10ℓ　　(2) 15ℓ　　(3) 20ℓ　　(4) 25ℓ　　(5) 30ℓ

☆**問20** 100gの水に10gの食塩を溶かした溶液の濃度は何％であるか．正しいものは次の（1）～（5）のうちどれか．

(1) 8.5%　　(2) 9.1%　　(3) 9.5%　　(4) 10.0%　　(5) 10.5%

★**問21** 次の酸化・還元の説明のうち，誤っているものはどれか．

(1) 物質が酸素と化合することを酸化反応という．
(2) 物質が酸素を失うことを還元反応という．
(3) 物質が電子を失う反応を酸化反応という．
(4) 物質が水素と化合することを酸化反応という．
(5) 酸化数の増減で酸化数が減少すれば，その元素は還元されたという．

☆**問22** 次の官能基と官能式の組合せのうち，誤っているものはどれか．

	官能基	官能式（原子団）
(1)	メチル基	− CH₃
(2)	エチル基	− C₂H₅
(3)	アルデヒド基	− CHO
(4)	カルボキシル基	− COOH
(5)	アミノ基	− NO₂

☆**問23** 燃焼の難易に最も関係の少ないものは，次のうちどれか．

(1) 可燃物の比重の大小
(2) 可燃物の熱伝導率の大小
(3) 可燃物の酸素との接触面積の大小
(4) 可燃物の酸素と化学的親和力の大小

(5) 可燃物の酸化反応の活性化エネルギーの大小

★問24 消火器及び消火薬剤に関する説明として，次のうち誤っているものはどれか．

(1) 強化液消火器は，炭酸カリウム等の水溶液で，冷却効果がある．
(2) 泡消火器は，油火災に適応する．
(3) ハロゲン化物消火器の消火薬剤は，よう素が主成分である．
(4) 二酸化炭素消火器は，窒息効果がある．
(5) りん酸塩類の粉末消火器は，電気設備の火災に適応する．

★問25 可逆反応の化学平衡に関する記述として，次のうち誤っているものはどれか．

(1) 平衡状態とは，正反応と逆反応の速度が等しくなり，見かけ上反応が停止している状態をいう．
(2) 加熱すると，吸熱の方向に反応が進み，新しい平衡状態になる．
(3) 触媒を加えると，反応は変化するが，平衡は移動しない．
(4) 圧力を大きくすると，気体の総分子数が増加し，新しい平衡状態になる．
(5) ある物質の濃度を増加すると，その物質の反応は濃度が減少するように反応し，新しい平衡状態になる．

《危険物の性質並びにその火災予防及び消火の方法》

☆**問26** 消防法別表による危険物の類別とその性質の次の記述のうち，誤っているものはどれか．
(1) 第1類危険物は，酸化性固体であって，熱などで分解して酸素を発生しやすく，可燃物を混合させると極めて激しい燃焼を起こす．
(2) 第2類危険物は，可燃性固体であって，高温になると発火し，引火しやすい固体である．
(3) 第3類危険物は，自然発火性物質及び禁水性物質であって，空気に触れると自然発火するもの及び水と接触して発熱し，発火し，又は可燃性ガスを発生するものがある．
(4) 第5類危険物は，自己反応性物質であって，酸素を含有しているので内部燃焼しやすく，熱分解で自然発火し，爆発的に燃焼するものが多い．
(5) 第6類危険物は，酸化性液体であって，熱などで分解し，酸素を発生し，他の可燃物を激しく燃焼させる．

★**問27** 火災予防のため水その他の液体で保護し，貯蔵される危険物は，次のうちいくつあるか．
カリウム，二硫化炭素，赤りん，硫化りん，黄りん，アセトン，軽油，酢酸，過酸化ナトリウム，炭化カルシウム，ナトリウム
(1) 1つ　　(2) 2つ　　(3) 3つ　　(4) 4つ　　(5) 5つ

★**問28** 次の危険物のうち，潮解性をもっている危険物はいくつあるか．
・NH_4ClO_4　　・$NaNO_3$　　・CrO_3　　・$NaClO_4$
・$KMnO_4$　　・CaO_2
(1) 1つ　　(2) 2つ　　(3) 3つ　　(4) 4つ　　(5) 5つ

★問29　次の危険物に適応する消火剤として，次のうち適切なものはどれか．
(1)　Ca_3P_2　　→　棒状の水
(2)　Mg　　　→　強化液
(3)　S　　　　→　ハロゲン化物
(4)　Na　　　→　泡
(5)　CH_3CHO　→　二酸化炭素

★問30　第1類の危険物の共通する火災予防の方法の記述として，どちらも誤っているものの組合せは次のうちどれか．
　A　潮解性の危険物は，湿気を高めなければ危険である．
　B　危険物は，運搬容器に密栓，密封し，遮光し冷所で保管する．
　C　有機物との接触は，有機物が還元されやすいので避けなければならない．
　D　衝撃，摩擦に注意し，火気・加熱等を避けなければならない．
(1)　AとB　　(2)　AとC　　(3)　AとD　　(4)　BとC　　(5)　CとD

☆問31　亜塩素酸ナトリウムの特性の記述で，次のうち正しいものはいくつあるか．
　A　運搬容器として金属製のものを使用し，直射日光を避ける．
　B　二酸化塩素を発生すると刺激的な特異臭がある．
　C　二酸化塩素は，塩素と同様に毒性はない．
　D　炭素等の還元物質と混合したり，有機物と混合すると危険である．
　E　吸湿性があり，水に溶ける．
(1)　1つ　　(2)　2つ　　(3)　3つ　　(4)　4つ　　(5)　5つ

★問32 第2類の危険物について，次のうち誤っているものはどれか．
(1) 五硫化りんは，水と作用して有毒で可燃性の硫化水素を発生する．
(2) 鉄粉は，アルカリに溶けて水素を発生する．
(3) 赤りんは，比重は1より大きく水に溶けない．
(4) アルミニウム粉は，ハロゲン元素と接触すると自然発火することがある．
(5) 固形アルコールは，メチルアルコール又はエチルアルコールを凝固剤で固めたもので，密閉しないとアルコールが蒸発する．

☆問33 五硫化りんに関する次の記述のうち，どちらも誤っているものの組合せはどれか．
　A　水と激しく反応し，分解する．
　B　水と作用して特異臭の猛毒のガスを発生する．
　C　アルカリ水酸化物，二硫化炭素にも溶けない．
　D　湿った空気中でも長時間かかって分解する．
(1) AとB　(2) AとC　(3) AとD　(4) BとC　(5) CとD

★問34 第3類の危険物の性質に関する次の記述のうち，どちらも誤っているものの組合せはどれか．
　A　水と作用して可燃性ガスを発生する．
　B　それ自体不燃性であって，一般に点火源がなければ発火しない．
　C　一般に無機の単体及び化合物である．
　D　酸素とよく反応する．
(1) AとB　(2) AとC　(3) AとD　(4) BとC　(5) CとD

☆問35 アルキルアルミニウムの性状として，次のうち誤っているものはどれか．
(1) アルキル基がアルミニウム原子に1以上結合した物質をいい，ハロゲン元素が結合しているものもある．
(2) ベンゼン，ヘキサン等の溶剤で希釈すると，純度の高いものより反応性は低減する．
(3) 水と接触すると激しく反応する．

(4) アルキル基の炭素数の増加に従って，危険性を増す．
(5) 常温において液体と固体のものがある．

★問36　リチウムの性状として，次のうち誤っているものはどれか．
(1) すべての金属の中で一番軽い．
(2) 常温（20℃）で水と反応して水素を発生する．
(3) 水との反応はナトリウムより激しい．
(4) ハロゲンとは激しく反応する．
(5) 高温で燃焼して酸化物を生成する．

☆問37　特殊引火物の性質について，次のうち誤っているものはどれか．
(1) 発火点が最も低く危険性が大きいのは二硫化炭素である．
(2) 引火点が最も低く危険性が大きいのはジエチルエーテルである．
(3) 特殊引火物のすべては危険等級Ⅰの危険物である．
(4) 酸化プロピレンは非水溶性である．
(5) 燃焼範囲の最も広いのはアセトアルデヒドである．

☆問38　二硫化炭素の性質に関する次の記述のうち，誤っているものはどれか．
(1) 発生する蒸気は，空気より軽いため拡散しやすい．
(2) 発生する可燃性ガスは有毒で，燃焼すると二酸化硫黄が発生する．
(3) 比重が水より重いので，貯蔵のときに容器に水を張った状態で貯蔵する．
(4) 比重は第4類の危険物のうち最も重い部類にある．
(5) 水中貯蔵する理由は，蒸気の発生の防止にある．

★問39　自動車ガソリンの性状として，次のうち誤っているものはどれか．
(1) 水より軽く，揮発性がある．
(2) オレンジ色に着色されている．
(3) 引火点は一般に－40℃以下である．
(4) 自然発火しやすい．
(5) ゴム，油脂などを溶かす．

★問 40　第 5 類の危険物に適合する消火設備として，次のA～Eのうち適当なものの組合せはどれか．

　　A　水噴霧消火設備
　　B　泡消火設備
　　C　二酸化炭素消火設備
　　D　ハロゲン化物消火設備
　　E　粉末消火設備

(1) A, B　　(2) B, C　　(3) C, D　　(4) D, E　　(5) A, E

☆問 41　ニトロセルロースに関して，次の文中の【　】に適する用語を選び，正しい文章となる組合せはどれか．

　「ニトロセルロースは，窒素含有量による硝化度で種々のニトロセルロースが製造される．その中で，【A】[窒素含有量 12.8％を超えるもの]，【B】[窒素含有量 12.8％未満のもの]，【C】[窒素含有量 12.5％～12.8％のもの] に区分されている．」

	A	B	C
(1)	ピロ綿薬	弱硝化綿	強硝化綿
(2)	弱硝化綿	ピロ綿薬	強硝化綿
(3)	強硝化綿	弱硝化綿	ピロ綿薬
(4)	ピロ綿薬	強硝化綿	弱硝化綿
(5)	弱硝化綿	強硝化綿	ピロ綿薬

★問 42　アジ化ナトリウムの貯蔵・取扱いに関して，次のうち正しいものはどれか．

(1) 鉄筋コンクリート製の床を地盤面よりも高くする．
(2) 屋根から直射日光が入るように天窓をつける．
(3) 直射日光を避け，換気はしない．
(4) 危険物用に強化液の大型消火器を設置する．
(5) 酸性の薬品と共用の鋼製大型保管庫に貯蔵する．

★問43　過塩素酸の性状として，次のうち誤っているものはどれか．
　(1) 茶褐色の液体である．
　(2) 可燃性有機物に接触すると自然発火する危険がある．
　(3) 水と作用して発熱する．
　(4) 強い酸化力をもつ．
　(5) 空気中で強く発煙する．

★問44　硝酸と混合しても発火する危険がない物質は，次のうちどれか．
　(1) 紙
　(2) 木　片
　(3) 硫　酸
　(4) アミン
　(5) 二硫化炭素

★問45　ハロゲン間化合物の一般的性質に関する次の記述のうち，誤っているものはどれか．
　(1) 第6類の危険物であるから消火方法は，注水消火が有効である．
　(2) 2種のハロゲンから成る化合物の総称である．
　(3) 多数のふっ素原子を含むものが特に反応性が強い．
　(4) ほとんどの金属と反応してふっ化物をつくる．
　(5) 多くの非金属と反応してふっ化物をつくる．

予想問題 2

解答時間：2時間30分
問 題 数：合計45問

1　危険物に関する法令　15問
2　物理学及び化学　　　10問
3　危険物の性質並びに
　　その火災予防及び消
　　火の方法　　　　　　20問

《危険物に関する法令》

☆**問1** 消防法別表に掲げられている危険物の組合せで，正しいものは次のうちどれか．
(1) プロパン，重油
(2) 黄りん，消石灰
(3) 塩酸，ニトロ化合物
(4) アルコール類，硝酸
(5) 液体酸素，硝酸塩類

☆**問2** 次の第4類危険物の品目と指定数量のうち正しいものはいくつあるか．
酸化プロピレン 50 ℓ，　ガソリン 200 ℓ，　　メチルアルコール 400 ℓ，
灯油 1,000 ℓ，　　　軽油 1,000 ℓ，　　　重油 1,000 ℓ，
ギヤー油 4,000 ℓ，　動植物油類 10,000 ℓ
(1) 3つ　　(2) 4つ　　(3) 5つ　　(4) 6つ　　(5) 7つ

★**問3** 製造所等に関する記述として，次のうち誤っているものはどれか．
(1) 移送取扱所とは，配管及びポンプ並びにこれらに附属する設備によって危険物を取り扱う施設をいう．
(2) 販売取扱所とは，店舗において容器入りのままで販売するため危険物を取り扱う施設をいう．
(3) 地下タンク貯蔵所とは，地盤面下に埋没されているタンクにおいて危険物を貯蔵し，又は取り扱う施設をいう．
(4) 給油取扱所とは，固定した給油設備によって自動車等の燃料タンクに直接給油するため危険物を貯蔵し，又は取り扱う施設をいう．
(5) 一般取扱所とは，給油取扱所及び移送取扱所以外で危険物を取り扱う施設をいう．

★問4 次の文の下線A〜Dのうち，誤っている箇所はどれか．

「A 所有者等は，製造所等の位置，構造及び設備が常に技術上の基準に適合するように維持管理する義務がある．

B 市町村長等は，製造所等の位置，構造及び設備が技術上の基準に適合していないと認めるときには，所有者等又はC 危険物保安統括管理者に対し，これらをD 修理し，改造し，又は移転すべきことを命ずることができる．」

(1) A (2) B (3) C (4) A, B (5) B, D

★問5 消防法の各種届出について，次のうち誤っているものはどれか．
(1) 危険物施設の廃止の届出は，用途廃止の10日前までに届け出なければならない．
(2) 危険物施設の譲渡又は引渡しの届出は，許可を受けた者の地位を承継した者が遅滞なく届け出なければならない．
(3) 危険物の品名，数量又は指定数量の倍数の変更届出は，変更しようとする日の10日前までに届け出なければならない．
(4) 危険物保安統括管理者を選任したときは，遅滞なく届け出なければならない．
(5) 危険物保安監督者を解任したときは，遅滞なく届け出なければならない．

★問6 法令上，免状の返納を命じることのできる者は次のうちどれか．
(1) 消防長
(2) 消防庁長官
(3) 消防署長
(4) 都道府県知事
(5) 市町村長

☆**問7** 危険物保安講習に関する次の記述のうち，誤っているものはどれか．
(1) 危険物取扱者免状の返納を命じられた者は，その日から起算して1年以内に危険物保安講習を受ける義務はない．
(2) 製造所等において，危険物の取扱業務に従事することとなった日から原則として1年以内に講習を受けなければならない．
(3) 製造所等において，危険物の取扱業務に従事することとなった日から原則として1年以内の危険物施設保安員のすべては講習を受けなければならない．
(4) 製造所等において，危険物の取扱業務に従事している場合には，前回の危険物保安講習の受講日以後の最初の4月1日から3年以内に講習を受けなければならない．
(5) 製造所等において，危険物の取扱業務に従事することとなった日から原則として1年以内の危険物保安監督者のすべては講習を受けなければならない．

★**問8** 予防規程を定めなければならない製造所等は，次のうちどれか．
(1) 鉄粉4,000kgを取扱う製造所
(2) 赤りん20,000kgを貯蔵する屋内貯蔵所
(3) 重油300,000ℓを貯蔵する屋外タンク貯蔵所
(4) 硝酸18,000kgを貯蔵する屋外貯蔵所
(5) 重油12,000ℓを取扱う一般取扱所

☆**問9** 危険物を取扱う建築物について，次のうち誤っているものはどれか．
(1) 地階を有する建築物でないこと．
(2) 壁，柱，床，はり及び階段を不燃材料で造ること．
(3) 屋根は不燃材料で造るとともに，金属板その他の軽量な不燃材料でふくこと．
(4) 危険物を取扱うために必要な採光，照明及び換気の設備を設けないこと．
(5) 可燃性の蒸気又は可燃性の微粉が滞留するおそれのある建築物には，その蒸気又は微粉を屋外の高所に排出する設備を設けること．

★問10　法令上，屋外タンク貯蔵所について，次のうち正しいものはどれか．ただし，特例基準が適合されるものは除く．
(1) 引火点を有している危険物を貯蔵しているもののみ防油堤を設けなければならない．
(2) 引火性を有しない危険物を貯蔵しているもののみ防油堤を設けなければならない．
(3) 第4類の危険物を貯蔵しているもののみ防油堤を設けなければならない．
(4) 第4類の危険物のうち，引火点が低い危険物を貯蔵しているもののみ防油堤を設けなければならない．
(5) 液体の危険物（二硫化炭素を除く．）を貯蔵しているものは，すべて防油堤を設けなければならない．

★問11　第4種消火設備に関する次の文の【　】内にあてはまるものはどれか．
「第4種の消火設備は，防護対象物の各部分から一の消火設備に至る歩行距離が【　】となるように設けなければならない．」
(1) 10m以下
(2) 15m以下
(3) 20m以下
(4) 25m以下
(5) 30m以下

☆問12　給油取扱所における危険物の取扱いについて，次のうち誤っているものはどれか．
(1) 自動車等を洗浄する場合は，引火点を有する液体洗剤を使用しないこと．
(2) 自動車等に給油する時は，原動機を停止させること．
(3) 自動車等に給油する時は，固定給油設備を使用すること．
(4) 油分離装置は，たまった危険物は，あふれないように随時くみ上げること．
(5) 自動車等の一部又は全部が給油空地からはみ出た状態で給油する場合は，防火上細心の注意をすること．

★問 13　次のうち危険等級Ⅰに該当しないものはどれか．
(1) カリウム
(2) アルキルリチウム
(3) アセトアルデヒド
(4) 硝　酸
(5) メチルアルコール

★問 14　危険物を移動タンク貯蔵所で移送する場合の措置として，正しいものはどれか．
(1) 危険物取扱者免状は常置場所のある事務所で保管している．
(2) 弁，マンホール等の点検は，1ヵ月に1回以上行わなければならない．
(3) 丙種危険物取扱者は，ガソリンを移動タンク貯蔵所で移送できる．
(4) 移送中に休憩する場合は，所轄消防長の承認を受けた場所で行わなければならない．
(5) 移送する10日前までに市町村長等へ届出なければならない．

★問 15　製造所等において危険物による事故が発生した場合，製造所等の所有者等が実施すべき措置等について，不適切なものは次のうちのどれか．
(1) 漏えいした危険物の拡散を防ぐ．
(2) 引き続く危険物の流出を防ぐ．
(3) 漏えいした危険物を回収する．
(4) 事故現場付近にいる人に，消防活動に従事するよう指示する．
(5) 火災発生等に備え，消火の準備をする．

《物理学及び化学》

★問16　1気圧の空気を圧縮して，体積をもとの半分としたとき，温度は20℃から35℃まで上昇した．圧力はいくらになるか．
(1) 1.1 気圧
(2) 1.4 気圧
(3) 1.8 気圧
(4) 2.1 気圧
(5) 2.4 気圧

☆問17　断熱変化に関する次の記述のうち，誤っているものはどれか．
(1) 気体を熱の不良導体の材料でつくった特殊な容器で外部との間で出入りしないようにした状態での物質の変化を断熱変化という．
(2) 気体を熱の不良導体の材料でつくった特殊な容器で外部との間で出入りしないようにした状態で，物質が膨張することを断熱膨張という．
(3) 気体を熱の不良導体の材料でつくった特殊な容器で外部との間で出入りしないようにした状態で，物質が圧縮することを断熱圧縮という．
(4) 断熱膨張すると気体の温度は上昇する．
(5) 断熱圧縮すると気体が外部から仕事をされるので，内部エネルギーが増加する．

★問18　静電気の性質の説明として，次のうち誤っているものはどれか．
(1) 静電気は，一般に物体の摩擦等によって生じる．
(2) 湿度が低いほど静電気は，蓄積されやすい．
(3) 静電気は，蓄積すると放電火花を生じることがある．
(4) 物質に静電気が蓄積すると，その物質は蒸発しやすくなる．
(5) 電気量を Q とし，電圧を V とすると，静電気の放電エネルギー E (J) は，$\frac{1}{2}QV$ で与えられる．

☆問 19　次の説明のうち，【　】の中に適する用語の組合せで正しいものはどれか．

「物質は，一般に温度や【A】などの条件を変えると，それに応じて，固体，【B】及び気体の3つの【C】に変わる．これを物質の【D】という．」

	A	B	C	D
(1)	気圧	化合	温度	三態変化
(2)	気圧	化合	状態	熱運動
(3)	圧力	化合	温度	熱運動
(4)	圧力	液体	状態	三態変化
(5)	圧力	液体	気体	三態変化

☆問 20　0℃の氷 150g を 0℃の水にするために必要な熱量として，次のうち正しいものを（1）〜（5）から選びなさい．

ただし，氷の融解熱は 332J/g とする．

(1) 48,800J
(2) 49,800J
(3) 50,800J
(4) 51,800J
(5) 52,800J

★問 21　物質の水溶液中にリトマス試験紙を入れたときの変色について，次のうち正しい組合せはどれか．

	物　質	リトマス試験紙の変色
(1)	硝酸カリウム	青くなる
(2)	炭酸カリウム	青くなる
(3)	炭酸水素ナトリウム	赤くなる
(4)	水酸化カルシウム	赤くなる
(5)	硫酸水素ナトリウム	青くなる

★問22　次の物質と原子団との組合せのうち，誤っているものはどれか．
　(1)　グリセリン　　　　　－OH
　(2)　アセトアルデヒド　　－CHO
　(3)　酢　酸　　　　　　　－COOH
　(4)　ニトロベンゼン　　　－CO
　(5)　アニリン　　　　　　－NH$_2$

☆問23　次のうち燃焼しやすい組合せとして正しいものはどれか．

	比熱	乾燥度	熱伝導率
(1)	小	大	小
(2)	小	小	大
(3)	大	大	小
(4)	大	小	大
(5)	大	小	小

★問24　次の燃焼範囲の危険物を100ℓの空気と混合させ，その均一な混合気体に電気火花を発すると，燃焼可能な蒸気量はどれか．
　　燃焼下限値　1.1vol％
　　燃焼上限値　6.0vol％
　(1)　1ℓ　　(2)　5ℓ　　(3)　10ℓ　　(4)　15ℓ　　(5)　20ℓ

★問25　消火器と主な消火効果との組合せとして，次のうち誤っているものはどれか．
　(1)　水消火器　―――――――窒息効果
　(2)　強化液消火器　―――――冷却効果
　(3)　泡消火器　―――――――窒息効果
　(4)　ハロゲン化物消火器　――窒息効果
　(5)　二酸化炭素消火器　―――窒息効果

《危険物の性質並びにその火災予防及び消火の方法》

★問26　次のうち，誤っているものはどれか．
(1) 塩素酸カリウムや硝化綿は，摩擦や衝撃等を受けると危険である．
(2) 硫黄やマグネシウム粉は，酸化性物質との接触で発火の危険がある．
(3) カリウムやジエチル亜鉛は，空気や水との接触によって危険がある．
(4) ニトロベンゼンやアセトアルデヒドは，水や湿気の多いところでは爆発の危険がある．
(5) 過酸化ベンゾイルや硝酸メチルは，温度が高くなると不安定になる．

★問27　次の危険物のうち，常温（20℃）で液状を示す物質はいくつあるか．
　　　HNO_3　CrO_3　Ca_3P_2　$(C_2H_5)_3Al$　$C_2H_5NO_3$　CaO_2
(1) 1つ　　(2) 2つ　　(3) 3つ　　(4) 4つ　　(5) 5つ

★問28　各類の危険物に対する消火方法として，次のうち不適切なものはどれか．
(1) 第1類の危険物火災には，水で分解温度を下げる方法がよく用いられる．
(2) 第2類の危険物火災のうち，注水ができない物品には，乾燥砂などの窒息消火もある．
(3) 第3類の禁水性の危険物火災には，泡による消火方法がよく用いられている．
(4) 第4類の危険物火災には，空気遮断による窒息消火の方法が用いられる．
(5) 第5類の危険物火災には，大量注水して冷却させる方法が良い．

☆問29　第1類の危険物の共通する消火の方法で，次のうちどちらも正しいものはどれか．

	一般の第1類の危険物	アルカリ金属の過酸化物
(1)	注水消火	注水消火
(2)	乾燥砂	乾燥砂
(3)	注水消火	泡消火
(4)	泡消火	注水消火
(5)	注水消火	乾燥砂

★問30　塩素酸ナトリウムの特性の記述のうち，いずれも誤っているものの組合せはどれか．

　A　有機物，酸化物との混在により，わずかな刺激で，発火・爆発する危険性がある．
　B　乾燥砂による消火が最も効果的である．
　C　潮解性のある危険物である．
　D　アルコール，水に溶けない．

(1) AとB　　(2) AとC　　(3) AとD　　(4) BとC　　(5) BとD

☆問31　次亜塩素酸カルシウム三水塩の性質に関する次の記述のうち，誤っているものはどれか．

(1) 次亜塩素酸カルシウム三水塩は，酸により分解する．
(2) 次亜塩素酸カルシウム三水塩は，150℃以上で分解して酸素を発生する．
(3) 次亜塩素酸カルシウム三水塩は，光や熱により急激に分解する．
(4) 次亜塩素酸カルシウム三水塩は，アンモニアとは反応しない．
(5) 次亜塩素酸カルシウム三水塩は，空気中で吸湿性があり，強烈な塩素臭がある．

★問32 第2類危険物の火災とその消火の方法の組合せとして，誤っているものはどれか．

	危険物の品名	消火の方法
(1)	マグネシウム粉	乾燥砂
(2)	七硫化りん	二酸化炭素
(3)	赤りん	乾燥砂
(4)	引火性固体	ハロゲン化物
(5)	硫　黄	注水・乾燥砂

☆問33 赤りんの性質に関する次の記述のうち，どちらも誤っているものの組合せはどれか．
　　A　酸素，水蒸気と反応してりん化水素を発生する．
　　B　赤りんは黄りんより安定している．
　　C　水，二硫化炭素に溶ける．
　　D　粉じんは点火により爆発する．
　(1) AとB　　(2) AとC　　(3) AとD　　(4) BとC　　(5) CとD

★問34 第2類の危険物のマグネシウム粉についての記述として，【　】の中に適する用語を選び，正しい文章になる組合せはどれか．
　「マグネシウム粉は，水に溶けないが，酸に溶けまたは沸騰水に溶け【A】および【B】を発生する．」

	A	B
(1)	りん化水素	水酸化マグネシウム
(2)	水　素	酸化マグネシウム
(3)	硫化水素	水酸化マグネシウム
(4)	りん化水素	酸化マグネシウム
(5)	水　素	水酸化マグネシウム

★問35　第3類の危険物のうち，還元性が強く，金属酸化物から金属を分離する作用があるものはどれか．
　(1)　りん化カルシウム
　(2)　水素化カルシウム
　(3)　アルキルリチウム
　(4)　ナトリウム
　(5)　炭化カルシウム

★問36　黄りんの性状として，次のうち誤っているものはどれか．
　(1)　空気中に放置すると白煙を上げて激しく燃焼する．
　(2)　毒性はない．
　(3)　燃焼すると猛毒な五酸化二りん（無水りん酸）となる．
　(4)　暗所では青白色の光を発し，空気中で徐々に酸化する．
　(5)　白色又は淡黄色のろう状の固体である．

★問37　炭化カルシウムの性状として，次のうち誤っているものはどれか．
　(1)　融点は，1,000℃以上である．
　(2)　純粋なものは白色であるが，一般には灰白色の結晶である．
　(3)　吸湿性がある．
　(4)　高温で窒素ガスと反応させると石灰窒素を生成する．
　(5)　可燃性物質で，水との反応性は低い．

★問38　第4類の危険物に関する次の記述のうち，誤っているものはどれか．
　(1)　引火点の低いものは，屋内で取り扱う場合は特に換気に注意する．
　(2)　可燃性蒸気の排出は，屋内であれば，できるだけその中央で低い所に向ける．
　(3)　容器に収納するときには，温度の上昇に注意する．
　(4)　可燃性蒸気が滞留するおそれのある場所の電気機器は，防爆構造のものとする．
　(5)　引火を防止するためには，履物にも注意しなければならない．

☆**問39** 動植物油類について，次のうち誤っているものはどれか．
(1) 一般に比重は1より小さく，冷水にも，温水にも溶けない．
(2) 一般に常温で液体であるが，冬季には固化するものもある．
(3) 一般に引火点は200℃以上で引火しにくいが，液温が引火点以上に加熱すると引火しやすい．
(4) ヨウ素価が90以下のものは，酸化されやすく，自然発火を起こしやすい．
(5) アマニ油，キリ油は乾性油とよばれ，繊維類に浸みたものは自然発火しやすい．

☆**問40** グリセリンの性状として，次のうち誤っているものはどれか．
(1) 甘味のある無色無臭の液体である．
(2) ナトリウムと反応して酸素を発生する．
(3) ガソリン，軽油にはほとんど溶けない．
(4) 蒸気の比重は空気より重い．
(5) 吸湿性を有する．

★**問41** 第5類の危険物の危険性と火災予防の方法で，誤っているものはどれか．
(1) アジ化ナトリウムはそれ自体爆発性を持つので，打撃によって爆発する危険性がある．
(2) ニトロセルロースを貯蔵する場合は，アルコール又は水で湿潤の状態とし，安定な状態で冷所で貯蔵する．
(3) 硝酸メチルは引火性で爆発しやすいので貯蔵，取扱いをする場合は通風を良くする．
(4) 過酸化ベンゾイルは濃硝酸などと接触すると，分解されて爆発の危険性がある．
(5) メチルエチルケトンパーオキサイドは容器を密栓すると内圧が上昇し分解を促進するので蓋を通気性とする．

☆**問 42** 硝酸エチルに関して，次のうちどちらも誤っているものの組合せはどれか．

　　A　水には溶けにくいが，アルコール，ジエチルエーテルには溶ける．
　　B　空気がなくても静電気の点火源があると爆発的に燃焼する．
　　C　蒸気比重が小さいので，可燃性蒸気は空気より軽い．
　　D　引火点が低いが，燃焼範囲の下限値も低いので安定している．
(1) AとB　　(2) AとC　　(3) BとC　　(4) BとD　　(5) CとD

★**問 43** 第6類の危険物の性状として，次のうち誤っているものはどれか．
(1) 皮膚に付着すると腐食する．
(2) いずれも容器は密栓する．
(3) 湿った空気に接触すると発煙するものもある．
(4) すべて液体である．
(5) いずれも無機化合物である．

★**問 44** 過酸化水素の貯蔵・取扱いについて，次のうち誤っているものはどれか．
(1) 有機物との混合は，爆発の危険性があるので避けなければならない．
(2) 漏えいしたときは，多量の水で洗い流すこと．
(3) 日当りのよい場所を避け，冷所に貯蔵すること．
(4) 濃度の高いものは，空気と反応しやすいので容器は密栓しておくこと．
(5) 濃度の高いものは，皮膚を腐食する．

★**問 45** 硝酸の流出事故に対する措置として誤っているものはどれか．
(1) ソーダ灰で中和して水で流す．
(2) ぼろ布に吸い込ませる．
(3) 直接大量の水で希釈して流す．
(4) 乾燥砂で覆ってから，吸い取る．
(5) 強化液消火剤で中和する．

予想問題 3

解答時間：2時間30分
問 題 数：合計45問

1 危険物に関する法令　15問
2 物理学及び化学　　　10問
3 危険物の性質並びに
　その火災予防及び消
　火の方法　　　　　　20問

《危険物に関する法令》

★問1 危険物A及びBを一つの貯蔵所で貯蔵する場合の指定数量の倍数として，法令上，次のうち正しいものはどれか．
(1) 危険物A及びBの貯蔵量の和を，危険物A及びBの指定数量の和で除して得た値．
(2) 危険物A及びBの貯蔵量の和を，危険物A及びBの指定数量のうち小さい数値で除して得た値．
(3) 危険物A及びBの貯蔵量の和を，危険物A及びBの指定数量のうち大きい数値で除して得た値．
(4) 危険物A及びBそれぞれの貯蔵量を，それぞれの指定数量で除して得た値の和．
(5) 危険物A及びBそれぞれの貯蔵量を，危険物A及びBの指定数量の平均値で除して得た値の和．

☆問2 屋外貯蔵所において，貯蔵できる危険物の組合せとして正しいものはどれか．
(1) ジエチルエーテル，アセトン，動植物油類
(2) メチルアルコール，硫黄，軽油
(3) ギヤー油，ガソリン，エチルアルコール
(4) ガソリン，カリウム，赤りん
(5) 硝酸，過酸化水素，硫黄

★問3 地下タンクを有する給油取扱所の設置手続きについて，次のうち正しいものはどれか．
(1) 工事着工申請→許可→工事開始→工事完了→完成検査→完成検査済証交付→使用開始
(2) 許可申請→承認→工事開始→工事完了→完成検査申請→完成検査→承認→使用開始

(3) 許可申請→許可→工事開始→完成検査前検査→工事完了届→使用開始
(4) 許可申請→許可書交付→工事開始→工事完了→完成検査申請→完成検査→完成検査済証交付→使用開始
(5) 許可申請→許可書交付→工事開始→完成検査前検査→工事完了→完成検査申請→完成検査→完成検査済証交付→使用開始

★問4 法令上，大量の第4類の危険物を取扱う製造所等で，危険物保安統括管理者を定めなければならないのは，次のうちどれか．
(1) 地下タンク貯蔵所　(2) 給油取扱所　(3) 屋外タンク貯蔵所
(4) 一般取扱所　(5) 屋内タンク貯蔵所

★問5 危険物取扱者免状について，次のうち正しいものはどれか．
(1) 免状の再交付は，当該免状を交付した都道府県知事にのみ申請できる．
(2) 免状を亡失した場合は，亡失した日から10日以内にその免状を交付した都道府県知事に届け出なければならない．
(3) 免状の再交付を受ける場合は，一部科目について再試験を受けなければならない．
(4) 亡失し再交付を受けた者が亡失した免状を発見した場合は，これを10日以内に免状の再交付を受けた都道府県知事に提出しなければならない．
(5) 免状の返納を命じられても，60日を経過すれば改めて免状の交付を受けることができる．

☆問6 免状交付は昨年の2月1日で，その後危険物の取扱いに従事していなかった者が，今年の2月1日から新たに危険物の取扱作業に従事する場合，危険物の取扱作業の保安に関する講習の受講時期が正しいものは次のうちどれか．
(1) 従事する前に受講しなければならない．
(2) 従事することとなった日から1年以内に受講しなければならない．
(3) 従事することとなった日から2年以内に受講しなければならない．
(4) 免状交付日以後の最初の4月1日から3年以内に受講しなければならない．
(5) 免状交付日以後の最初の4月1日から4年以内に受講しなければならない．

★問7　予防規程について，次のうち誤っているものはどれか．
(1) 市町村長等は，予防規程が火災予防のために適当でないと認めるときは，これらを変更するよう命ずることができる．
(2) 予防規程は，危険物の貯蔵，取扱いの技術上の基準に適合していないときは認可されない．
(3) 予防規程を変更したときは，市町村長等の認可を受けなければならない．
(4) 自衛消防組織を設置している事業所は，予防規程を定めないことができる．
(5) 予防規程は，製造所等の火災を予防するため，危険物の保安に関し必要な事項を定めた規程である．

☆問8　指定数量の10倍以上の危険物を取り扱う製造所等で，避雷針を設けなければならないものとして，次のうち誤っているものはどれか．
(1) 製造所
(2) 屋内貯蔵所
(3) 屋外貯蔵所
(4) 屋外タンク貯蔵所
(5) 一般取扱所

★問9　液体の危険物を貯蔵する地下タンク貯蔵所について，次のうち誤っているものはどれか．
(1) 危険物の量を自動的に表示する装置又は計量口を設けること．
(2) 貯蔵最大数量により第4種又は第5種の消火設備を設置すること．
(3) 危険物の地下貯蔵タンクの注入口は，屋外に設けること．
(4) 貯蔵タンクの周囲には，当該タンクからの液体の危険物の漏れを検査するための管を4箇所以上適当な位置に設けること．
(5) 見やすい箇所に地下タンク貯蔵所である旨を表示した標識及び防火に関し必要な事項を掲示した掲示板を設けること．

★問10 製造所等において，警報設備を設置しなければならないものは，次のうちどれか．
(1) 第1石油類（水溶性液体）を 2,000ℓ 貯蔵する移動タンク貯蔵所
(2) 第2石油類（非水溶性液体）を 10,000ℓ 貯蔵する屋内貯蔵所
(3) 第3石油類（非水溶性液体）を 10,000ℓ 貯蔵する屋内貯蔵所
(4) 第4石油類を 10,000ℓ 貯蔵する屋外貯蔵所
(5) 動植物油類を 10,000ℓ 貯蔵する屋外タンク貯蔵所

☆問11 屋内タンク貯蔵所の基準について，次のうち誤っているものはどれか．
(1) タンク専用室の出入口のしきいの高さは，床面から 0.4m 以上とすること．
(2) 危険物を貯蔵し，又は取扱う屋内タンクは，平屋建の建築物に設けられたタンク専用室に設置すること．
(3) タンクと専用室の壁とは 0.5m 以上の間隔を保つこと．
(4) 屋内貯蔵タンクの容量は，指定数量の 40 倍以下とされている．
(5) 第4石油類及び動植物油類以外の第4類危険物についての最大容量は 20,000ℓ までとされている．

★問12 灯油 500ℓ とガソリン 100ℓ を運搬する場合について，次のうち誤っているものはどれか．
(1) 危険物取扱者が乗車していなければならない．
(2) 車両に標識を掲げるほか，消火設備を備えなければならない．
(3) 市町村長等に運行経路をあらかじめ届け出る必要はない．
(4) 運搬する危険物の保安に注意すること．
(5) この危険物は，指定数量である．

★問13 法令上，危険物を運搬するときの技術上の基準に関する次の文で，【 】内に当てはまるものはどれか．
「危険物を収納した運搬容器を積み重ねる場合は，高さ【 】m 以下としなければならない．」
(1) 1　(2) 2　(3) 3　(4) 4　(5) 5

☆**問14** 移動タンク貯蔵所に関する次の記述のうち，誤っているものはどれか．
(1) 移動貯蔵タンクは厚さ3.2mm以上の鋼板又はこれと同等以上の機械的性質を有する材料で気密に造ること．
(2) 移動貯蔵タンクの容量は30,000ℓ以下であること．
(3) 移動タンク貯蔵所の移送には，移送する危険物によらず消防機関等にその経路を届け出る必要はない．
(4) 静電気の発生のおそれのある危険物の移動貯蔵タンクには接地導線を設けなければならない．
(5) 移動貯蔵タンクの外面には，さびどめのための塗装をしなければならない．

★**問15** 危険物取扱者が免状の返納を命ぜられる場合はどれか．
(1) 乙種危険物取扱者が，危険物保安統括管理者に選任されることを拒んだとき．
(2) 免状の交付を受けてから10年以上危険物の取扱作業に従事しなかったとき．
(3) 免状を汚損又は破損したとき．
(4) 危険物を取扱う場合に，政令で定める技術上の基準に違反したとき．
(5) 高齢者となって危険物の取扱作業に従事することが困難となったとき．

《物理学及び化学》

★問16 次の文中の【 】に適する語句で埋め, 正しい文章となっているものは, 次の (1)〜(5) のうちどれか.

「液体の温度を【A】すると, その蒸気圧は【B】なり, その蒸気圧が【C】なったときに沸騰が起こる. 外圧が低くなったときは, その沸点は【D】なる.」

	A	B	C	D
(1)	低く	高く	外気圧と等しく	高く
(2)	低く	低く	外気圧より低く	低く
(3)	高く	高く	外気圧より高く	高く
(4)	高く	高く	外気圧と等しく	低く
(5)	高く	低く	外気圧より低く	高く

☆問17 ある量の亜鉛を希硫酸に溶かし, 発生した水素を, あらかじめ真空にした 5ℓ の容器に入れたところ, 圧力 3.332×10⁴Pa (250mmHg) を示し, そのときの温度は 20℃であった. 発生した水素の 0℃, 1気圧 (標準状態) における体積として, 次の (1)〜(5) のうち正しいものはどれか.

ただし, 1気圧は 1.013×10⁵Pa (760mmHg) とする.

(1) 1.33ℓ (2) 1.43ℓ (3) 1.53ℓ (4) 1.63ℓ (5) 1.73ℓ

★問18 静電気に関する説明として, 次のうち誤っているものはどれか.
(1) 静電気は, 電気の不導体に発生しにくい.
(2) 静電気は, 湿度が高いほど発生しにくい.
(3) 静電気の発生予防には, 接地するのが効果的である.
(4) 物質に静電気が蓄積すると, その物質は引火しやすい.
(5) 液体を配管で移送する際に発生する帯電量は, 流速に比例する.

★問19 物質の状態変化と熱の出入りに関する次の記述のうち，誤っているものはどれか．
(1) 液体が固体に変わることを凝固といい，熱を放出する．
(2) 固体が気体に変わることを昇華といい，熱を放出する．
(3) 気体が液体に変わることを凝縮といい，熱を放出する．
(4) 固体が液体に変わることを融解といい，熱を吸収する．
(5) 液体が気体に変わることを蒸発といい，熱を吸収する．

★問20 次の反応のうち，下線を引いた部分が還元されているのはどれか．
(1) 希硫酸中に銅を浸したら水素が発生した．
(2) 二酸化炭素が赤熱した炭素に触れて一酸化炭素になった．
(3) 一酸化炭素が酸素と反応して二酸化炭素になった．
(4) 窒素が水素と反応してアンモニアになった．
(5) 炭素が燃焼して二酸化炭素になった．

★問21 よう素価に関する記述として，次のうち誤っているものはどれか．
(1) よう素価とは油脂100gに付加するよう素のグラム数をいう．
(2) 一般に，よう素価は，乾性油で130以上，不乾性油で100以下である．
(3) よう素価が大きいほど，成分脂肪酸の不飽和度は低くなる．
(4) 一般に，よう素価が大きい動植物油は自然発火しやすい．
(5) 油脂の見かけの分子量が同じであれば，よう素価が大きいほど，油脂の構成脂肪酸の二重結合の数は多くなる．

☆問22 次の物質のうち，常温（20℃）常圧で，燃焼の形態が蒸発燃焼でないものはどれか．
(1) 硫　黄
(2) 軽　油
(3) 水　素
(4) ジエチルエーテル
(5) ナフタリン

☆問23 メチルアルコール（CH₃OH），ベンゼン（C₆H₆）及びガソリン（C₉H₂₀）を燃焼したときに，煙の発生量の多い順に並べてあるのはどれか．

(1) メチルアルコール→ベンゼン→ガソリン
(2) メチルアルコール→ガソリン→ベンゼン
(3) ベンゼン→ガソリン→メチルアルコール
(4) ベンゼン→メチルアルコール→ガソリン
(5) ガソリン→ベンゼン→メチルアルコール

☆問24 自然発火の要因とならないものはどれか．

(1) 分解熱による発熱
(2) 生成熱による発熱
(3) 酸化熱による発熱
(4) 微生物による発熱
(5) 吸着熱による発熱

★問25 消火剤として使用する二酸化炭素の性状として，次のうち誤っているものはどれか．

(1) 二酸化炭素は，消火器容器に液状で充てんされている．
(2) 二酸化炭素は，酸素濃度を低下させる効果がある．
(3) 導電性がある．
(4) 燃焼の連鎖反応を遮断する抑制作用がある．
(5) ガソリン，軽油等と反応しない．

《危険物の性質並びにその火災予防及び消火の方法》

★問 26 類別の危険物の性状として,次のうち誤っているものはどれか.
(1) 過塩素酸ナトリウムは,第1類の過塩素酸塩類で,200℃以上に加熱すると酸素を発生する.
(2) 固形アルコールは,第2類の引火性固体で,常温で可燃性蒸気を発生するため引火しやすい.
(3) アルミニウム粉は,第3類の禁水性物質で,空気中で吸湿すると発熱し自然発火することがある.
(4) 酸化プロピレンは,第4類の特殊引火物で,銀や銅などの金属にふれると重合が促進されやすい.
(5) 過酸化ベンゾイルは,第5類の有機過酸化物で,強力な酸化作用を有する.

★問 27 次の危険物に対する貯蔵方法として,適当でないものはどれか.
(1) カリウム ———————— 灯油に貯える.
(2) アルミニウム粉 ———————— 適当な水分で湿して貯える.
(3) 黄りん ———————— 水中に貯える.
(4) 二硫化炭素 ———————— 水を入れた容器の中に貯える.
(5) ニトロセルロース ———————— 水又はアルコールで湿潤して貯える.

☆問 28 消火方法と消火効果の組合せで,次のうち誤っているものはどれか.
(1) 注水して火を消す ———————— 冷却効果
(2) 不燃性ガスで火を消す ———————— 抑制効果
(3) アルコールランプにふたをして火を消す ———— 窒息効果
(4) 都市ガスの火を元栓を閉めて消す ———————— 除去効果
(5) ローソクの炎に息を吹きかけて消す ———————— 除去効果

★問29　第1類の危険物の共通の性質として，次のうち正しいものはいくつあるか．
　　A　可燃性の固体である．
　　B　有機物と接触すると発火・爆発の危険性がある．
　　C　濃硝酸に対して反応しやすい．
　　D　可燃性物質と接触するとそれ自体も可燃性に変化するので危険である．
　　E　大部分は，無色の結晶又は粉末である．
　(1) 1つ　　(2) 2つ　　(3) 3つ　　(4) 4つ　　(5) 5つ

★問30　第1類の過酸化ナトリウムの貯蔵又は取扱いについて，次のA～Eのうち誤っているものの組合せはどれか．
　　A　乾燥状態で保管する．
　　B　異物が混入しないようにする．
　　C　有機物との，みだりな接触を避ける．
　　D　容器は密閉せず，ガス抜き口栓を設ける．
　　E　安定剤として少量の硫黄を加えて保管する．
　(1) A B　　(2) C D　　(3) B E　　(4) A C　　(5) D E

☆問31　第1類の危険物のうち，[－O－O－]なる結合を持った物質であるもので，次のうち正しいものはどれか．
　(1) 亜硝酸ナトリウム　　(2) ペルオキソ二硫酸　　(3) 過よう素酸
　(4) 次亜塩素酸カルシウム　　(5) 無水クロム酸

★問32　第2類の危険物に共通する火災予防の方法として，次のうち誤っているものはどれか．
　(1) 火気又は加熱を避ける．
　(2) 冷所に貯蔵する．
　(3) 還元剤との接触を避ける．
　(4) 引火性固体にあっては，みだりに蒸気を発生させない．
　(5) 一般には，防湿に注意し，容器は密封する．

☆問33 七硫化りんに関する次の記述のうち，どちらも誤っているものの組合せはどれか．
　　A　淡黄色の結晶である．
　　B　水と作用して過酸化水素が発生する．
　　C　二硫化炭素によく溶ける．
　　D　摩擦熱によって発火することがある．
　(1) AとB　　(2) AとC　　(3) AとD　　(4) BとC　　(5) CとD

★問34　第3類の危険物の性状に関する記述で，次のうち誤っているものはどれか．
　(1) 水と接触すると過酸化物を生じ，強い酸化性を示す．
　(2) ほとんどの物質は，自然発火性及び禁水性の両方の危険性を有する．
　(3) 常温（20℃）において，固体及び液体である．
　(4) 物質そのものは，可燃性と不燃性の物質がある．
　(5) ハロゲン元素等と激しく反応し，有毒ガスを発生するものがある．

☆問35　アルキルアルミニウムとアルキルリチウムの中で，次のうち最も安定しているものはどれか．
　(1) エチルリチウム
　(2) ノルマルブチルリチウム
　(3) トリメチルアルミニウム
　(4) トリエチルアルミニウム
　(5) エチルアルミニウムジクロリド

★問36　バリウムの性状として，次のうち誤っているものはどれか．
　(1) 水とは常温（20℃）で反応し，酸素を発生する．
　(2) 炎色反応は，黄緑色を呈する．
　(3) ハロゲンと反応し，ハロゲン化物を生成する．
　(4) 空気中では，常温（20℃）で表面が酸化する．
　(5) 水素と高温で反応し，水素化バリウムとなる．

☆**問37** 第4類の危険物のうち水溶性の危険物について，次の記述のうち正しいものはどれか．
(1) 水溶性の危険物が水に溶けるほど，引火点が低下する．
(2) 水溶性の危険物ほど指定数量が低くなる．
(3) 水溶性の危険物の火災には，普通の泡消火器でも抑制作用がある．
(4) 水溶性の危険物の火災には，棒状注水が消火効果がある．
(5) 水溶性の危険物が水に溶ける場合であっても，その危険物の燃焼範囲は変わらない．

★**問38** 動植物油類の乾性油と不乾性油の組合せで，正しいものはどれか．

	乾性油	不乾性油
(1)	ヨウ素価が小さい	ヨウ素価が大きい
(2)	固形化しにくい	固形化しやすい
(3)	自然発火する	自然発火しない
(4)	ヤシ油	あまに油
(5)	酸化しにくい	酸化しやすい

☆**問39** 灯油に関する次の記述のうち，誤っているものはどれか．
(1) 原油蒸留のときガソリンと軽油の中間に留出するもので，ケロシンとも呼ばれている．
(2) 揮発性が少ない炭化水素の混合物である．
(3) 発火点は220℃であり，ガソリンより高い．
(4) 比重は0.80程度，引火点は40℃以上である．
(5) 水には溶けないが，油脂などを溶かす．

★問40　第5類の危険物のうち，常温（20℃）で液体のものは次のうちどれか．
(1) メチルエチルケトンパーオキサイド
(2) ニトロセルロース
(3) ピクリン酸
(4) 硫酸ヒドラジン
(5) アジ化ナトリウム

☆問41　ニトログリセリンに関する記述で，次のうち正しいものはいくつあるか．
A　有毒で可燃性の固体である．
B　水に溶けにくいが，アルコール，ジエチルエーテル等の有機溶剤に溶ける．
C　可燃性蒸気の重さは，空気より軽い．
D　凍結温度が高く，凍結すると危険である．
E　加熱，打撃又は摩擦すれば猛烈に爆発する危険性がある．
(1) 1つ　(2) 2つ　(3) 3つ　(4) 4つ　(5) 5つ

★問42　第6類の危険物に共通する，火災予防上最も注意すべきことは，次のうちどれか．
(1) 火気の接近を避ける．
(2) 空気との接触を避ける．
(3) 湿度を低く保つ．
(4) 遮光を完全にする．
(5) 還元剤の混入を避ける．

★問43　過塩素酸の性状として，次のうち正しいものはどれか．
(1) 水より軽い．
(2) 内圧が高まるので容器は密閉しない．
(3) 加熱すれば爆発する．
(4) オキシフルは過塩素酸の3％水溶液である．
(5) アルコール類とは反応しない．

★問44　発煙硝酸の性状として，次のうち誤っているものはどれか．
(1) 赤色又は赤褐色の液体である．
(2) 強酸性である．
(3) 硝酸よりさらに酸化力が強い．
(4) 硝酸より比重は小さい．
(5) 水と任意の割合いで溶ける．

★問45　五ふっ化よう素の性状として，次のうち誤っているものはどれか．
(1) 常温（20℃）では液体である．
(2) 水と激しく反応してふっ化水素を生じる．
(3) 比重は1より小さい．
(4) 反応性に富み，金属と容易に反応してふっ化物を生じる．
(5) 沸点は100.5℃である．

予想問題 4

解答時間：2時間30分
問題数：合計45問

1　危険物に関する法令　　15問
2　物理学及び化学　　　　10問
3　危険物の性質並びに
　　その火災予防及び消
　　火の方法　　　　　　　20問

《危険物に関する法令》

☆問1 【 】内に該当する語句として正しいものはどれか．

「第1石油類とは，アセトン，ガソリンその他の1気圧において引火点が【 】のものをいう．」

(1) －20℃以下
(2) 40℃以下
(3) 21℃以上70℃未満
(4) 21℃未満
(5) 40℃未満

★問2 法令上，次の文の【A】及び【B】に当てはまる語句の組合せとして，正しいものはどれか．

「店舗において容器入りのままで販売するため危険物を取扱う取扱所で，指定数量の倍数が【A】のものは第1種販売取扱所，【B】のものは第2種販売取扱所という．」

	A	B
(1)	5以下	5を超えて10以下
(2)	5以下	5を超えて20以下
(3)	10以下	10を超えて40以下
(4)	15以下	15を超えて40以下
(5)	15以下	15を超えて50以下

★問3 法令上，次のうち10日以内の制限があるのはどれか．
(1) 製造所等の変更工事中に，当該製造所等の変更工事部分以外の部分について承認を受け仮に使用できる期間
(2) 免状を亡失してから，再交付を申請するまでの期間
(3) 承認を受け，指定数量以上の危険物を製造所等以外の場所で仮に貯蔵することのできる期間

(4) 免状の返納命令を受けてから返納するまでの期間
(5) 予防規程を定めてから認可の申請をする期間

★問4　危険物保安監督者及び危険物取扱者について，次のうち誤っているものはどれか．
(1) 敷地内に複数の製造所等を有し，大量の第4類の危険物を取扱う事業所においては，危険物保安監督者を定めておかなければならない．
(2) 危険物保安監督者を選任し，又は解任した場合，その旨を市町村長等に届け出なければならない．
(3) 危険物保安監督者を定めるのは，製造所等の所有者等である．
(4) 丙種危険物取扱者は，第4類の危険物のうち特定の危険物を貯蔵又は取扱う製造所等の危険物保安監督者になることができる．
(5) 危険物取扱者でない者は，甲種又は乙種の危険物取扱者の立会いがなければ，危険物を取扱うことができない．

☆問5　危険物取扱者の免状の返納について正しいものはどれか．
(1) 傷害事件を起こして懲役以上の刑に処せられた場合，返納を命ぜられる．
(2) 都道府県知事より返納命令が発せられた時は，10日以内に免状を提出しなければならない．
(3) 消防法や政令，規則等の規定に違反すると免状の返納を命ぜられる．
(4) 免状の返納命令を受けた者は，改めて受験し合格すれば，直ちに免状を取得することができる．
(5) 免状の返納命令を発せられた者は，保安講習を受けなければならない．

★問6　危険物保安監督者に関する説明で，次のうち正しいものはどれか．
(1) 危険物保安監督者は，危険物の数量や指定数量の倍数にかかわらず，すべて選任しなければならない．
(2) 危険物取扱者であれば，免状の種類に関係なく危険物保安監督者に選任することができる．
(3) 危険物保安監督者は，危険物施設保安員の指示に従って保安の監督をしなければならない．
(4) 危険物保安監督者は，甲種又は乙種危険物取扱者で1年以上の実務経験が必要とされている．
(5) 危険物保安監督者を定める権限を有しているのは，製造所等の所有者，管理者又は占有者である．

☆問7　次の製造所等で定期点検を受けなくてもよいものはいくつあるか．
・製造所（地下タンクあり）
・移動タンク貯蔵所
・給油取扱所（地下タンクあり）
・一般取扱所（指定数量の10倍）
・屋内貯蔵所（指定数量の100倍）
(1) なし　　(2) 1つ　　(3) 2つ　　(4) 3つ　　(5) 4つ

★問8　法令上，危険物を貯蔵し，又は取扱う製造所等の建築物の周囲に保有しなければならない一定の空地（以下「保有空地」という．）について，次のうち誤っているものはどれか．
(1) 保有空地には，物品を置くことができない．
(2) 保有空地を必要としない施設もある．
(3) 学校，病院等から一定の距離（保安距離）を保たなければならない施設は，保有空地を必要としない．
(4) 製造所と一般取扱所では，保有空地の幅は同じである．
(5) 貯蔵し，又は取扱う指定数量の倍数に応じて，保有空地の幅が定められている．

★問9　給油取扱所に給油又はこれに附帯する業務のために設けることができる建築物として，次のうち誤っているものはどれか．
(1) 給油又は自動車等の点検整備等のために給油取扱所に出入りする者を対象とした店舗
(2) 給油又は自動車等の点検整備等のために給油取扱所に出入りする者を対象とした飲食店
(3) 給油取扱所の所有者，管理者若しくは占有者が居住する住居
(4) 付近の住民が利用するための診療所
(5) 給油，灯油又は軽油の詰替えのために給油取扱所に出入りする者を対象とした展示場

★問10　次の消火設備の組合せのうち，誤っているものはどれか．
(1) 第1種消火設備 ── 屋外消火栓設備
(2) 第2種消火設備 ── 水噴霧消火設備
(3) 第3種消火設備 ── 粉末消火設備
(4) 第4種消火設備 ── 大型消火器
(5) 第5種消火設備 ── 小型消火器

★問11　危険物の貯蔵及び取扱いについて，次のうち誤っているものはどれか．
(1) 危険物のくず，かす等は1日に1回以上当該危険物の性質に応じ，安全な場所及び方法で回収若しくは廃棄しなければならない．
(2) 製造所等においては，火災予防のため，いかなる理由があっても火気を使用してはならない．
(3) ためます又は油分離装置は，たまった危険物は，あふれないように随時くみ上げること．
(4) 危険物を保護液中に保存する場合は，危険物が保護液から露出しないようにすること．
(5) 危険物を貯蔵し，又は取扱う場合には，危険物の変質，異物の混入等により，危険物の危険性が増大しないように必要な措置を講ずる．

★問12 法令上，製造所等における危険物の貯蔵・取扱いの基準で，次のうち正しいものはどれか．
(1) 屋外貯蔵所において，引火点が0℃未満の第1石油類を貯蔵する．
(2) 地下貯蔵タンクに，エチルアルコールを貯蔵する．
(3) タンク専用室が，平屋建以外の建築物に設けられている屋内タンク貯蔵所にガソリン（引火点40℃未満）を貯蔵する．
(4) 第1種販売取扱所において，シンナーを顧客が持参した容器に小分けして販売した．
(5) 屋内貯蔵所において，引火性固体と灯油を相互に間隔をおかずに貯蔵した．

★問13 危険物の運搬について，次のうち誤っているものはどれか．
(1) 運搬容器が，落下し，転倒し，若しくは破損しないように積載すること．
(2) 危険物は，温度変化等により危険物が漏れないように密封して収納すること．
(3) 指定数量以上の危険物を車両で運搬する場合には，「危」と表示した標識を，車両の前後の見やすい箇所に掲げること．
(4) 運搬容器は，収納口を上方又は横方に向けて積載すること．
(5) 指定数量以上の危険物を車両で運搬する場合には，適応する消火設備を備えること．

★問14 法令上，移動タンク貯蔵所により移送を行う場合，特定の危険物については，移送の経路その他必要な事項を記載した書面を関係消防機関に送付しなければならないが，次のうち該当するものはどれか．
(1) ジエチルエーテル
(2) 二硫化炭素
(3) アセトアルデヒド
(4) アルキルアルミニウム
(5) 酸化プロピレン

☆**問 15** 消防法第 12 条の 2 第 2 項に定める製造所等の使用停止命令の法令事由に該当しないものはどれか．
(1) 製造所等の技術上の基準に従わなかったとき．
(2) 危険物保安統括管理者を定めたが，実際にその者に危険物の保安に関する業務を統括管理させなかったとき．
(3) 危険物保安監督者を定めなかったとき．
(4) 危険物保安監督者の選任の届け出をしなかったとき．
(5) 危険物保安統括管理者の解任命令に違反したとき．

《物理学及び化学》

★**問16** ある気体が427℃，1気圧のもとで，1ℓ の質量が4.7gであった．この気体の分子量はいくらか．

(1) 230　　(2) 250　　(3) 270　　(4) 290　　(5) 310

☆**問17** タンクローリーに危険物が少量残存する場合に，他の危険物の積み込み作業中に火災が発生する原因として，次のうち正しいものはどれか．
(1) 静電気の発生による火災
(2) 異なった可燃物の混合による放熱
(3) 可燃性蒸気に対する他の危険物の混合による発熱
(4) タンク内の鋼板と可燃物の摩擦熱
(5) 可燃性蒸気の接触による吸収熱

★**問18** 次の組合せのうち，互いに同素体でないものはどれか．
(1) 結晶の硫黄とゴム状硫黄
(2) ダイヤモンドと黒鉛
(3) 水素と重水素
(4) 黄りんと赤りん
(5) 酸素とオゾン

☆**問19** 物理変化と化学変化であるものの組合せとして，次のうち正しい分類のものはどれか．
　　A　ニクロム線に電流を流すと赤くなること．
　　B　ナフタリンが空気に触れて小さくなること．
　　C　窒素が水素と化合してアンモニアを発生すること．
　　D　塩酸に水酸化ナトリウムの溶液を加えたら，食塩ができること．
　　E　重合によってポリマー（重合体）をつくること．

	物理変化	化学変化
(1)	A, B	C, D, E
(2)	A, C	B, D, E
(3)	B, D	A, C, E
(4)	B, C	A, D, E
(5)	D, E	A, B, C

★問20　次の化学反応式の平衡を左から右へ移動させて，生成物 C を最も効率よく得るには，次のうちどれが適当か．

　　A + 2B ⇌ 2C + 2D − QJ

(1) 温度を下げる．
(2) A の量を減らす．
(3) B の量を減らす．
(4) 圧力を上げる．
(5) D を生成系外に取り出す．

★問21　金属配管を地中に埋設すると電気化学的に腐食するが，この腐食を防ぐ方法として，より腐食しやすい金属と接続する方法がある．

　　鉄製の配管の場合，次のどの金属と接続するのが適切か．

(1) 銀
(2) 銅
(3) すず
(4) アルミニウム
(5) 鉛

★問22 可燃物が燃焼しやすい条件として，次の組合せのうち最も適切なものはどれか．

	蒸気圧	酸素との化学的親和力	可燃物の粒子
(1)	大	大	小
(2)	大	大	大
(3)	小	大	大
(4)	小	小	小
(5)	小	大	小

☆問23 次の説明文の【　】の中に適する用語の組合せで，正しいものはどれか．
「ガソリン，灯油は，炭化水素の混合物であり，極めて燃焼しやすい性質を持っている．有機化合物や炭化水素が完全燃焼すると【イ】と【ロ】ができるが，不完全燃焼すると【イ】と【ロ】の他に【ハ】も発生する．」

A：酸素　　B：水素　　C：水　　D：一酸化炭素　　E：二酸化炭素

	【イ】	【ロ】	【ハ】
(1)	A	B	C
(2)	A	C	E
(3)	B	E	D
(4)	C	E	D
(5)	C	D	E

★問24 消火器と消火剤の主成分の組合せについて，次のうち誤っているものはどれか．

	消火器	消火剤の主成分
(1)	強化液消火器	炭酸水素ナトリウム・硫酸
(2)	化学泡消火器	炭酸水素ナトリウム・硫酸アルミニウム
(3)	ハロゲン化物消火器	ブロモトリフルオロメタン
(4)	二酸化炭素消火器	二酸化炭素
(5)	粉末消火器	リン酸アンモニウム

☆**問 25** 次の記述はどの法則を表しているか．（1）〜（5）のうち正しいものはどれか．

「X原子とY原子が結合して，いくつかの種類の化合物をつくる場合，X原子の決まった数に対して結合すべきY原子の数は整数で変化する．」

(1) シャルルの法則
(2) ヘンリーの法則
(3) 定比例の法則
(4) 倍数比例の法則
(5) 気体反応の法則

《危険物の性質並びにその火災予防及び消火の方法》

☆**問26** 危険物の類ごとの性状として，次のAからEのうち誤っているものはいくつあるか．
　　A　第1類と第4類は，一般に可燃性である．
　　B　第3類と第5類は，固体又は液体である．
　　C　第3類と第5類は，一般に水に溶けやすい．
　　D　第1類と第5類は，一般に酸化力が強く有機物を酸化させる．
　　E　第4類と第6類は，液体である．
　　(1) 1つ　　(2) 2つ　　(3) 3つ　　(4) 4つ　　(5) 5つ

☆**問27** 次の危険物は潮解性を有するものであるが，このうち誤っているものはどれか．
　　(1) 過塩素酸アンモニウム
　　(2) 過塩素酸ナトリウム
　　(3) 塩素酸亜鉛
　　(4) 塩素酸アルミニウム
　　(5) 塩素酸リチウム

★**問28** 衝撃により爆発しやすい危険物として，次のうち正しいものはどれか．
　　(1) アニリン
　　(2) キシレン
　　(3) ニトロベンゼン
　　(4) 過酸化ベンゾイル
　　(5) メチルエチルケトン

★問29　次の【A】及び【B】に該当する語句として，次のうち正しい組合せはどれか．

「第1類の危険物の火災の消火には，一般的には，大量の水で冷却し酸化性物質を【A】以下とすれば良い．ただし，アルカリ金属の過酸化物には，水と反応して【B】するものがあるので注意する必要がある．」

	A	B
(1)	引火点	分解
(2)	発火点	発熱
(3)	発火点	分解
(4)	分解温度	分解
(5)	分解温度	発熱

☆問30　過塩素酸カリウムの特性の記述として，いずれも誤っているものの組合せはどれか．

A　水によく溶け，アルコールにも溶ける．
B　塩素酸カリウムより危険性が大きい．
C　400℃で分解する．
D　強酸化剤である．

(1) AとB　　(2) AとC　　(3) AとD　　(4) BとC　　(5) BとD

☆問31　硝酸ナトリウムの特性の記述で，次のうち正しいものはいくつあるか．

A　加熱すると380℃で分解し，酸素を発生する．
B　比重2.25と水より重い．
C　水に溶けるが，潮解性はない．
D　硝酸カリウムより反応性があり，危険性がある．
E　白色の結晶である．

(1) 1つ　　(2) 2つ　　(3) 3つ　　(4) 4つ　　(5) 5つ

★問32　第2類の危険物の火災と消火方法との組合せのうち，次のA～Dの中で適切でないものの組合せはどれか．
　　A　アルミニウム粉の火災　――――　二酸化炭素消火器を用いる．
　　B　亜鉛粉の火災　――――――――　ハロゲン化物消火器を用いる．
　　C　三硫化りんの火災　―――――　乾燥砂で覆う．
　　D　硫黄の火災　――――――――　水を霧状にかける．
　　(1) AとB　　(2) BとC　　(3) CとD　　(4) AとD　　(5) BとD

☆問33　鉄粉の性状について，次の記述のうち正しいものはどれか．
　(1) 鉄粉は，希塩酸に溶けて水素を発生する．
　(2) 鉄粉は，酸化剤である．
　(3) 鉄粉は，燃焼すると白っぽい灰となる．
　(4) 鉄粉は，白い閃（せん）光を伴って燃焼し，気体の二酸化鉄になる．
　(5) 鉄粉は，微粉状のものは可燃性がない．

★問34　第3類の危険物の消火方法として，次のうち誤っているものはどれか．
　(1) 禁水性物品は，炭酸水素塩類等を用いた粉末消火剤で消火する．
　(2) 乾燥砂はすべての第3類の危険物に適する．
　(3) 自然発火性のみを有する黄りん等は，水，泡，強化液等の水系の消火薬剤を使用する．
　(4) 不燃性ガスにより窒息消火する．
　(5) 高圧注水により消火する方法は適切でない．

★問35　カリウムの特性の記述で，次のうち正しいものはいくつあるか．
　　A　水と作用して水素を発生し燃焼するが，カリウム自体は燃焼しない．
　　B　直接皮膚に触れると皮膚の炎症の原因となる．
　　C　炎色反応は，紫色である．
　　D　融点以上に熱せられても水分に触れなければ安定している．
　　E　吸湿性と潮解性がある．
　　(1) 1つ　　(2) 2つ　　(3) 3つ　　(4) 4つ　　(5) 5つ

★問36　トリクロロシランの性状として，次の文の下線部A～Cのうち，誤っている箇所のみを掲げたものはどれか．

「トリクロロシランは，常温（20℃）において A 黄褐色の液体で，引火点は常温より B 高い．また，C 水と反応して，塩化水素を発生するので危険である．」

(1) A　　(2) B　　(3) C　　(4) AとB　　(5) AとC

★問37　特殊引火物の性状として，次のうち誤っているものはどれか．
(1)　ジエチルエーテルは，特有の刺激臭があり，アルコールによく溶ける．
(2)　純品の二硫化炭素は，ほとんど無臭の液体で，水より軽い．
(3)　アセトアルデヒドは，爆発しやすい．
(4)　酸化プロピレンは，水によく溶ける．
(5)　二硫化炭素は，特殊引火物の中でも，発火点が特に低い危険物の一つである．

★問38　自動車用のガソリンの一般的性質や取扱いに関し，A～Eの記述のうち正しい組合せのものはどれか．

　A　引火点は約-40℃で，常温（20℃）では常に可燃性蒸気を発生しているので注意が必要である．
　B　蒸気比重は約3～4である．
　C　電気の不良導体であるため，静電気が蓄積しやすい．
　D　発火点は約200℃である．
　E　燃焼範囲は14～76%である．

(1)　A，B，C
(2)　B，C，D
(3)　C，D，E
(4)　D，E，A
(5)　A，B，E

★問39 アルコール類の性状として，次のうち誤っているものはどれか．
(1) 水より沸点は低い．
(2) 炭素数が多いほど，引火点は高くなる．
(3) 炭素数が多いほど，水溶性は増大する．
(4) 炭素数が多いほど，蒸気比重は大きくなる．
(5) 炭素数が多いほど，沸点は高くなる．

★問40 第5類の危険物の性状に関する記述で，次のうち誤っているものはいくつあるか．
A アジ化ナトリウムは，それ自体爆発性はないが，酸により有毒で爆発性のアジ化水素酸を発生する．
B 硝酸グアニジンは，水，アルコールに溶ける．
C ニトロセルロースは，貯蔵する場合は，アルコール又は水で湿潤の状態として，安定な状態で冷所に貯蔵する．
D ニトロセルロースは，エチルアルコールまたは水で湿綿し，安定剤を加え冷所に貯蔵し，常に分解に注意する．
E ニトログリセリンが床上や箱を汚染したときは，カセイソーダのアルコール溶液を注いで分解し布片で拭きとる．
(1) なし　　(2) 1つ　　(3) 2つ　　(4) 3つ　　(5) 4つ

☆問41 過酸化ベンゾイルの性質に関する次の記述のうち，どちらも誤っているものの組合せはどれか．
A 加熱，衝撃，摩擦によって爆発的に分解する．
B 分解は，光によって促進することはない．
C 水，アルコールに溶けるが，クロロホルム，ジエチルエーテル，ベンゼンに溶けない．
D 強酸と接触すると発火・爆発の危険性がある．
(1) AとB　　(2) AとC　　(3) AとD　　(4) BとC　　(5) CとD

危険物の性質並びにその火災予防及び消火の方法

★**問 42** 硫酸ヒドロキシルアミンの貯蔵・取扱いの注意事項として，次のうち誤っているものはどれか．
(1) 潮解性を有するので，密閉した容器に貯蔵する．
(2) 炎，火花又は高温体との接触を避ける．
(3) 保管は冷所で乾燥状態を保つ．
(4) 分解ガスが発生しやすいため，ガス抜き口を設けた容器を使用する．
(5) 取扱いは，保護具を使用する．

★**問 43** 硝酸及び過酸化水素に共通する性状として，次のうち誤っているものはどれか．
(1) それ自身は可燃性である．
(2) 水に溶ける．
(3) 皮膚を侵す．
(4) 加熱すると分解し支燃性ガスを生じる．
(5) 有機物などと接触すると発火する危険がある．

★**問 44** 硝酸に接触して発火・燃焼するものに関して，次の記述のうちどちらも誤っているものの組合せはどれか．
　　A　水酸化カルシウム（消石灰）
　　B　水
　　C　二硫化炭素
　　D　紙
(1) AとB　　(2) AとC　　(3) BとC　　(4) BとD　　(5) CとD

★**問 45** ハロゲン間化合物の消火について，次のうち最も有効なものはどれか．
(1) 乾燥砂で覆う．
(2) 棒状の水を放射する．
(3) 噴霧注水する．
(4) 泡消火剤を放射する．
(5) 二酸化炭素消火剤を放射する．

予想問題 5

解答時間：2時間30分
問題数：合計45問

1 危険物に関する法令　15問
2 物理学及び化学　　　10問
3 危険物の性質並びに
　その火災予防及び消
　火の方法　　　　　　20問

《危険物に関する法令》

★問1 法に定められている品名として，次のうち誤っているものはどれか．
(1) 二硫化炭素は特殊引火物である．
(2) アセトンは第1石油類に属する．
(3) 重油は第2石油類に属する．
(4) クレオソート油は第3石油類に属する．
(5) ギヤー油は第4石油類に属する．

★問2 次の文の【A】及び【B】に当てはまる語句の組合せとして，正しいものはどれか．

「指定数量以上の危険物は，製造所等以外の場所で貯蔵等してはならない．ただし，所轄消防長又は消防署長の【A】を受けて【B】以内の期間，仮に貯蔵し取扱うことができる．」

	A	B
(1)	許可	14日
(2)	承認	14日
(3)	許可	7日
(4)	承認	10日
(5)	許可	10日

★問3 製造所等を設置し，又は変更する手続に関する記述として，次のうち誤っているものはどれか．
(1) 製造所等の位置，構造及び設備を変更するときは，変更前にその旨を市町村長等に届け出なければならない．
(2) 製造所等を設置するときは，あらかじめ，市町村長等の許可を受けなければならない．
(3) 製造所等の位置，構造及び設備を変更するときは，あらかじめ，市町村長等の許可を受けなければならない．

(4) 製造所等の設置許可申請書は，当該製造所等が消防本部及び消防署を置かない市町村の区域にあるときは，当該区域を管轄する都道府県知事に提出しなければならない．
(5) 製造所等を設置の許可を受けて完成したときは，市町村長等の行う完成検査を受けて基準に達しているものとして完成検査済証の交付を受けた後でなければ使用開始できない．

★問4 危険物を取扱う場合，必要な申請として，次のうち誤っているものはどれか．
(1) 製造所等の位置，構造又は設備を変更しようとする場合は，市町村長等から変更の許可を受けなければならない．
(2) 製造所等以外の場所で，指定数量以上の危険物を，10日以内の期間，仮に貯蔵し，又は取扱う場合は，所轄消防長又は消防署長の承認を受けなければならない．
(3) 製造所等の変更工事に係る部分以外の部分，又は一部を，完成検査前に仮に使用する場合は，市町村長等の承認を受けなければならない．
(4) 製造所等において，予防規程の内容を変更する場合は，市町村長等の認可を受けなければならない．
(5) 製造所等の位置，構造及び設備等を変更しないで，貯蔵する危険物の品名を変更する場合は，市町村長等の変更の許可を受けなければならない．

☆**問5** 危険物取扱者免状に関する次の記述のうち，正しいものはどれか．
(1) 危険物取扱者試験に合格した者は，居住地の都道府県知事に免状の交付を請求できる．
(2) 危険物取扱いの業務に従事しなければ，危険物取扱者免状の書換えを行わなくてもよい．
(3) 危険物取扱いの業務に従事していない者であって，変更事項がなくても，10年に1度は免状の書換え義務がある．
(4) 免状の返納命令があっても，その後一定期間内に保安講習を受ければ返納命令が解除される．
(5) 免状の返納命令を受けた者は，再度受験して合格しても，その日から2年間は免状の交付を受けることができない．

★**問6** 危険物保安監督者選任の要件の一つとして，製造所等において必要とする実務経験の期間は，次のうちどれか．
(1) 1月
(2) 3月
(3) 6月
(4) 1年
(5) 3年

★**問7** 地下貯蔵タンクにおいて，規制で定める漏れの点検について，次のうち誤っているものはどれか．
(1) 点検は，危険物取扱者又は危険物施設保安員のうち，点検方法に関する知識及び技能を有する者が行わなければならない．
(2) 点検は，容量が10,000ℓ以上のタンクについて行わなければならない．
(3) 点検記録には，製造所等の名称，点検年月日，点検方法及び結果，実施者等を記載しなければならない．
(4) 二重殻タンクの内殻については，漏れの点検は必要ない．
(5) 点検結果は，一定の期間保存しなければならない．

★問8　製造所等に共通する技術上の基準として，次のうち誤っているものはどれか．
(1) みだりに火気を使用しないこと．
(2) 係員以外の者をみだりに出入りさせないこと．
(3) 許可若しくは届け出された品名以外の危険物又は指定数量の倍数を超える危険物を貯蔵し，又は取扱わないこと．
(4) ためます又は油分離装置にたまった危険物は，あふれないように1日1回以上くみ上げること．
(5) 常に整理及び清掃を行うとともに，みだりに空き箱その他の不必要な物件を置かないこと．

★問9　移動タンク貯蔵所に関する記述で，次のうち正しいものはどれか．
(1) 移動タンク貯蔵所には，前面の見やすい箇所に標識を掲げること．
(2) 移動タンク貯蔵所には，その貯蔵又は取扱う危険物に応じて，第3種又は第4種の消火設備を設けること．
(3) 移動貯蔵タンクの容量は，4,000ℓ以下であること．
(4) 静電気による災害が発生するおそれのある液体の危険物の移動貯蔵タンクには，接地導線を設けること．
(5) 移動タンク貯蔵所の常置場所は，屋外の防火上安全な場所又は耐火構造若しくは不燃材料でつくった建築物の1階又は2階とする．

★問10　標識・掲示板について，次のうち誤っているものはどれか．
(1) 製造所等には，見やすい箇所に危険物の製造所等である旨を示す標識を設けなければならない．
(2) 移動タンク貯蔵所の標識は，車両の前後の見やすい箇所に掲げなければならない．
(3) 掲示板は，防火に関する必要な事項を示すものである．
(4) 標識や掲示板について，大きさ，記載内容は定められているが，色は定められていない．
(5) 給油取扱所にある「給油中エンジン停止」の表示は掲示板である．

★問11　危険物の種類及び数量に関わらず，第5種の消火設備を設置するだけでよい製造所等は，次のうちどれか．
(1) 一般取扱所
(2) 給油取扱所
(3) 簡易タンク貯蔵所
(4) 屋内タンク貯蔵所
(5) 屋外タンク貯蔵所

★問12　製造所等で制限のある貯蔵量，取扱量の数値のうち正しいものはどれか．
(1) 第1種販売取扱所は，指定数量の15倍を超え40倍以下である．
(2) 第2種販売取扱所は，指定数量の15倍以下である．
(3) 給油取扱所の地下タンクは，1基20,000リットル以下である．
(4) 屋内貯蔵所は，貯蔵量，取扱量に制限がない．
(5) 屋内タンク貯蔵所は，指定数量の50倍以下である．

☆問13　危険物（指定数量の10分の1以下のものを除く．）を自動車等で運搬するとき混載が許されるもので，正しいものはどれか．
(1) 第2類の危険物と第3類の危険物
(2) 第2類の危険物と第1類の危険物
(3) 第3類の危険物と第1類の危険物
(4) 第4類の危険物と第2類の危険物
(5) 第4類の危険物と第6類の危険物

★問14　移動タンク貯蔵所による危険物の貯蔵・取扱い及び移送について，次のうち誤っているものはどれか．
(1) 危険物の移送の際，乗車を義務づけられて乗車している危険物取扱者は，免状を携帯していなければならない．
(2) 丙種危険物取扱者は，軽油を移送することができる．
(3) 移動タンク貯蔵所には，完成検査済証，定期点検記録等を備え付けておかなければならない．

(4) 乙種危険物取扱者は，免状に指定されている類の危険物を移動タンク貯蔵所で移送できる．
(5) 危険物取扱者がいなくても，市町村長等の許可がある場合は，危険物を移送できる．

★**問15** 消防法第12条の2第1項又は第2項の製造所等の使用停止命令の発令事由に該当しないものは，次のうちどれか．
(1) 危険物保安監督者を定めたが，その者に保安監督をさせていないとき．
(2) 完成検査又は仮使用の承認を受けないで製造所等を使用したとき．
(3) 危険物保安監督者の解任命令に違反したとき．
(4) 危険物保安監督者を定めたが，市町村長等に選任の届出をしていないとき．
(5) 危険物の貯蔵，取扱い基準の遵守命令に違反したとき．

《物理学及び化学》

★**問 16** ある物質 5g の温度を 0℃から 30℃まで上昇させるのに，265.2J (62.6cal) の熱量を必要とした．

この物質の比熱として，次のうち正しいものはどれか．

(1) 1.3 〔J/g°C〕
(2) 1.6 〔J/g°C〕
(3) 1.8 〔J/g°C〕
(4) 2.1 〔J/g°C〕
(5) 2.5 〔J/g°C〕

★**問 17** 一定量の単原子分子理想気体の体積と圧力を図のように変化させた．AからBへの定容積変化をア，BからCへの等温変化をイ，CからAへの定圧力変化をウとすると，気体のエネルギーが増加しているものは，次のうちどれか．

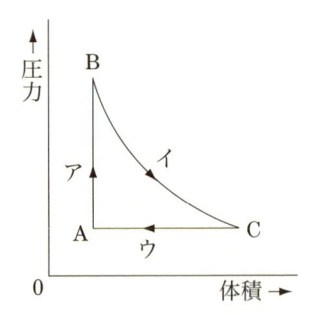

(1) ア
(2) イ
(3) ウ
(4) ア，イ
(5) イ，ウ

★**問 18** 次に示す物質の組合せのうち，異性体であるものはどれか．

(1) 鉛と亜鉛
(2) メチルアルコールとエチルアルコール
(3) 水素と重水素
(4) 赤りんと黄りん
(5) エチルアルコールとジメチルエーテル

★問19 メチルアルコール1molを完全燃焼させたところ，726kJの熱を発生した．二酸化炭素の生成熱を394kJ，水の生成熱を286kJとすると，メチルアルコールの生成熱として，次のうち正しいものはどれか．
(1) 240kJ　　(2) 286kJ　　(3) 363kJ　　(4) 394kJ　　(5) 726kJ

☆問20　化学反応速度について，次のうち誤っているものはどれか．
(1) 溶液の濃度が大きくなるほど，反応速度は大きくなる．
(2) 温度が高くなるほど，反応速度は大きくなる．
(3) 活性化エネルギーを下げると，反応速度は小さくなる．
(4) 触媒の使用により，反応速度を大きくできる．
(5) 可逆反応では，正反応と逆反応の反応速度の差が見かけの反応速度となる．

★問21　次の物質をそれぞれ50gずつ一定量の同じ溶媒に溶かしたとき，凝固点降下の最も大きいものはどれか．
(1) トルエン（$C_6H_5CH_3$）
(2) ベンゼン（C_6H_6）
(3) ナフタリン（$C_{10}H_8$）
(4) フェノール（C_6H_5OH）
(5) 酢　酸（CH_3COOH）

★問22　有機化合物に関して，次のうち誤っているものはどれか．
(1) 成分元素の主体はC，H，O，Nであり，一般に可燃性である．
(2) 一般に空気中で燃焼し，二酸化炭素と水を生じる．
(3) 一般に，融点及び沸点が低いものが多く，水溶性であるが有機溶媒には溶けない．
(4) 結合の仕方の相違から，組成が同じであっても性質の異なる異性体が存在する．
(5) 一般に無機化合物に比して分子量が大きい．

☆**問23** 燃焼条件について，次の組合せのうち正しいものはどれか．

(1) 引火点 ──── 発火点 ──── 発熱量
(2) 酸素供給源 ──── 点火源 ──── 可燃物
(3) 引火点 ──── 点火源 ──── 発熱量
(4) 可燃物 ──── 発火点 ──── 発熱量
(5) 酸素供給源 ──── 発火点 ──── 可燃物

☆**問24** 引火点について，次のうち誤っているものはどれか．

(1) 引火点は，必ず発火点（着火点ともいう．）より，液温が低い．
(2) 引火点が低い危険物ほど引火の危険は大きい．
(3) 引火点より燃焼点の方が＋10℃ぐらい高い温度となっている．
(4) 引火点とは，可燃性液体が燃焼範囲の下限の濃度の蒸気を出すときの最低の液温をいう．
(5) 引火点と同じ気温になると点火源を与えると燃焼する．

★**問25** 消火剤として使用する泡に必要な性能として，次のうち誤っているものはどれか．

(1) 加水分解しないこと．
(2) 熱に対して安定であること．
(3) 燃焼物より比重が小さいこと．
(4) 流動性があること．
(5) 粘着性がないこと．

《危険物の性質並びにその火災予防及び消火の方法》

☆問26 各類の危険物の性質に関する次の記述のうち，どちらも誤っているものの組合せはどれか．

A 第1類の危険物は，可燃性物質と混合し，熱等によって分解することにより極めて激しい燃焼を起こさせる危険性を有する．

B 第2類の危険物は，還元剤との接触若しくは混合，炎，火花若しくは高温体との接近又は加熱を避けなければならない．

C 第3類の危険物は，炎，火花若しくは高温体との接近を避けるものと水又は空気との接触を避けなければならないものがある．

D 第5類の危険物は，可燃物との接触若しくは混合，分解を促す物品との接近又は加熱を避けること．

(1) AとB (2) AとC (3) AとD (4) BとD (5) CとD

★問27 次のうち，沸点の最も低いものはどれか．
(1) 酸化プロピレン (2) 硫 黄 (3) トルエン
(4) 過酸化水素 (5) ベンゼン

☆問28 次の潮解性のある危険物の説明のうち，【 】の中に適する用語で正しいものはどれか．

「潮解性のある危険物は，【A】，【B】などにしみ込むので，乾燥した場合は爆発する危険性がある．」

　　　　　A　　　　B
(1) 金 属　　　紙
(2) 有機物　　灯 油
(3) 軽 油　　　木 材
(4) 紙　　　　灯 油
(5) 木 材　　　紙

☆**問29** 次の消火器のうち，地下街に常備し使用することが最も適切でないものはどれか．
(1) ハロン1301消火器　(2) 泡消火器　(3) 粉末消火器
(4) 二酸化炭素消火器　(5) 強化液消火器

★**問30** 第1類の危険物を貯蔵，取扱う場合の注意事項として，次のうち誤っているものはどれか．
(1) 衝撃，摩擦などを与えない．
(2) 可燃物，有機物その他酸化されやすい物質との接触を避ける．
(3) 強酸類との接触を避ける．
(4) 密封して冷所に貯蔵する．
(5) アルカリ金属の無機過酸化物は，若干の湿気を与えて貯蔵する．

☆**問31** 三酸化クロムの性質の説明として，正しいものはいくつあるか．
A　潮解性があり，水，希アルコールに溶ける．
B　強酸化剤で，250℃で分解し，酸素を発生させる．
C　有毒で腐食性があるので，運搬容器は外部が金属製の場合には，内張りは鉛製でなければ，容器の破損が生ずる．
D　人体の皮膚や生体組織に悪影響を与える．
E　ジエチルエーテル，アセトンなどと接触すると熱分解する．
(1) 1つ　(2) 2つ　(3) 3つ　(4) 4つ　(5) 5つ

★**問32** 第2類危険物の特性の記述で，次のうち正しいものはいくつあるか．
A　無機の単体の元素又は有機の化合物が中心となっている．
B　可燃性固体であって，燃焼速度が速い．
C　水や酸化物との接触は危険である．
D　水と激しく反応し，可燃性蒸気を発生する．
E　酸化されやすく，燃えやすい物質である．
(1) 1つ　(2) 2つ　(3) 3つ　(4) 4つ　(5) 5つ

危険物の性質並びにその火災予防及び消火の方法

☆**問33** 第2類の危険物の種類と発生ガスの組合せとして，誤っているものはどれか．

	危険物の種類	発生ガス
(1)	七硫化りん	硫化水素
(2)	硫　黄	二酸化硫黄
(3)	亜鉛粉	水　素
(4)	赤りん	りん化水素
(5)	引火性固体	可燃性蒸気

★**問34** 固形アルコールの性状として，次のうち正しいものはどれか．
(1) 合成樹脂とメチルアルコール又はエチルアルコールとの化合物である．
(2) 主として，熱分解によって発生する可燃性ガスが燃焼する．
(3) 消火には粉末消火剤が有効である．
(4) メチルアルコール又はエチルアルコールを低温高圧下で圧縮固化したものである．
(5) 常温（20℃）では可燃性ガスを発生しない．

★**問35** ナトリウムとカリウムの保護液として使用される場合に，次のうち適するものの組合せとして正しいものはどれか．

	保護液A	保護液B
(1)	軽　油	アンモニウム
(2)	アンモニウム	流動パラフィン
(3)	流動パラフィン	灯　油
(4)	灯　油	アルコール
(5)	アルコール	軽　油

☆**問36** りん化カルシウムの特性の記述で，次のうち正しいものはいくつあるか．
　　A　アルコール，ジエチルエーテルに溶ける．
　　B　水と反応して可燃性ガスを発生する．
　　C　弱酸と反応して可燃性ガスを発生する．
　　D　白色の固体又は液体である．
　　E　アルカリによく溶ける．
　(1)　1つ　　(2)　2つ　　(3)　3つ　　(4)　4つ　　(5)　5つ

☆**問37** 第4類の危険物のうち，泡消火器の使用が適切な可燃物として，次のうち正しいものはどれか．
　(1)　メチルアルコール
　(2)　さく酸
　(3)　軽　油
　(4)　アセトアルデヒド
　(5)　アセトン

★**問38** 灯油，軽油及び重油に共通した性質として，次のうち誤っているものの組合せはどれか．
　　A　引火点は常温（20℃）より高い．
　　B　発火点は100℃より低い．
　　C　比重は1より大きい．
　　D　水に溶けない．
　　E　無色透明の液体である．
　(1)　AとBとC
　(2)　BとCとD
　(3)　CとDとE
　(4)　AとDとE
　(5)　BとCとE

危険物の性質並びにその火災予防及び消火の方法

★問39 アセトアルデヒドの性状として，次のうち誤っているものはどれか．
(1) 無色透明の液体である．
(2) 特有の刺激臭を有する液体である．
(3) 水，エタノールに任意の割合で溶ける．
(4) 酸化するとさく酸を発生する．
(5) 沸点が高く，常温（20℃）では揮発しにくい．

★問40 第5類の危険物の性状として，次のうち正しいものはどれか．
(1) 物体自体は不燃性のものが多い．
(2) 一般的には比重は1より小さい．
(3) 酸，アミン類と接触すると発火するものもある．
(4) 引火性を有する物質はない．
(5) 常温（20℃）において水と激しく反応し発火するものがある．

☆問41 メチルエチルケトンパーオキサイドに関して，次のうちどちらも誤っているものの組合せはどれか．
　A　直射日光を受けたり，衝撃を受けたりしても分解しない．
　B　引火すると激しく燃焼する．
　C　運搬容器は，密封し冷所に貯蔵する．
　D　異物が混入すると30℃以下でも分解する．
(1) AとB　　(2) AとC　　(3) BとC　　(4) BとD　　(5) CとD

★問42 硝酸グアニジンの性状として，次のうち誤っているものはどれか．
(1) 白色の結晶である．
(2) 水，アルコールに溶ける．
(3) 急激な加熱及び衝撃により，爆発の危険性がある．
(4) 粉末の消火剤で消火する．注水は適切でない．
(5) 融点は215℃程度である．

★問43　第6類の危険物の消火方法について，次のうち正しいものはどれか．
(1) ハロゲン化物を放射して消火する．
(2) 霧状注水は，いかなる場合でも避ける．
(3) 化学泡による消火は，いかなる場合でも避ける．
(4) 乾燥砂による消火は避ける．
(5) 霧状の強化液を放射して消火する．

★問44　次の文の【A】～【C】に入る語句の組合せとして，正しいものはどれか．
「過酸化水素は一般に物質を酸化して【A】となる．又，酸化力の強い物質等と反応すると，【B】として作用して【C】を発生する．」

　　　　　A　　　　B　　　　C
(1)　　水　　　還元剤　　水　素
(2)　　水　素　　還元剤　　酸　素
(3)　　水　　　酸化剤　　水　素
(4)　　水　素　　酸化剤　　酸　素
(5)　　水　　　還元剤　　酸　素

★問45　五ふっ化臭素の性状として，次のうち誤っているものはどれか．
(1) 沸点が低く蒸発しやすい．
(2) 無色の液体であるが，低温で固化する．
(3) 燃焼した場合には，りん酸塩類を使用した粉末消火設備が有効である．
(4) 多数のふっ素原子を含むためほとんどの金属，非金属と反応してふっ化物をつくる．
(5) 2種類のハロゲン元素を含んでおり，一般にハロゲン元素に似た性質をもっている．

予想問題 ⑥

解答時間：2時間30分
問題数：合計45問

1　危険物に関する法令　　15問
2　物理学及び化学　　　　10問
3　危険物の性質並びに
　　その火災予防及び消
　　火の方法　　　　　　20問

《危険物に関する法令》

☆問1 次に掲げる危険物が同一貯蔵所において貯蔵されている場合，その総量は指定数量の何倍になるか．

危険物	貯蔵量
ガソリン	2,000 ℓ
アセトン	1,200 ℓ
エチルアルコール	2,000 ℓ
灯　油	2,000 ℓ
ギヤー油	12,000 ℓ

(1) 15倍　　(2) 18倍　　(3) 22倍　　(4) 28倍　　(5) 32倍

★問2 法令上，危険物を取扱うタンクで地下にあるものを有する給油取扱所（屋外にある自家用給油取扱所を除く．）の所有者等に義務付けられているものは，次のA～Eのうちいくつあるか．

　　A　予防規程の作成
　　B　定期点検の実施
　　C　危険物保安監督者の選任
　　D　危険物施設保安員の選任
　　E　自衛消防組織の設置

(1) 1つ　　(2) 2つ　　(3) 3つ　　(4) 4つ　　(5) 5つ

★問3 危険物施設の手続きとして，次のうち誤っているものはどれか．
(1) 製造所を設置する場合は，許可を受けなければならない．
(2) 第4類の屋外タンク貯蔵所を設置する場合は，完成検査前検査を受けなければならない．
(3) 第4類の屋内貯蔵所を設置する場合は，完成検査前検査を受けなければならない．

(4) 製造所を設置した場合は，完成検査を受けなければならない．
(5) 屋内タンク貯蔵所を設置する場合は，完成検査を受ける前に仮使用承認申請はできない．

★問4　製造所等の位置，構造又は設備を変更しないで，貯蔵する危険物の品名，数量又は指定数量の倍数を変更する手続として，正しいものはどれか．
(1) 変更しようとする日の10日前までに，その旨を届け出て市町村長等の許可を受けなければならない．
(2) 変更しようとする日の10日前までに，その旨を届け出て市町村長等の認可を受けなければならない．
(3) 変更しようとする日の10日前までに，その旨を届け出て市町村長等の承認を受けなければならない．
(4) 変更しようとする前日までに，その旨を市町村長等に届け出なければならない．
(5) 変更しようとする日の10日前までに，その旨を市町村長等に届け出なければならない．

★問5　法令上，危険物取扱者に関する記述として，次のうち正しいものはどれか．
(1) 甲種危険物取扱者は，危険物の取扱作業の実務経験の有無に関わらず，危険物保安監督者になることができる．
(2) 乙種第4類の免状を有する危険物取扱者の立会いがあれば，危険物取扱者以外の者は他の類の危険物を取扱うことができる．
(3) 丙種危険物取扱者は，製造所等において，定期点検には立会うことができる．
(4) 危険物取扱者以外の者は，危険物取扱者の立会いがなくても，指定数量未満の危険物を取扱うことができる．
(5) 丙種危険物取扱者は，製造所等において6ヵ月以上の危険物の取扱作業の実務経験があれば，危険物保安監督者になることができる．

★問6　危険物保安講習に関することで，次のうち正しいものはどれか．
(1) 危険物保安監督者のみが受講する．
(2) 危険物保安統括管理者のみが受講する．
(3) 保安講習は免状の書換え時に受講する．
(4) 危険物施設保安員はすべて受講しなければならない．
(5) 製造所等において，危険物の取扱いに従事していなければ受講義務はない．

☆問7　定期点検の実施項目に関する次の記述のうち，誤っているものはどれか．
(1) タンク室に亀裂又は損傷等がないかどうか，水を張って調査する．
(2) タンクのふたに変形又は損傷等はないか，目視で確認する．
(3) タンク及び地下配管に漏れがないかどうか，窒素ガスで加圧して確認する．
(4) 漏えい検知管に変形又は亀裂等がないか，土砂等がつまっていないかどうか確認する．
(5) 設置されている消火器の外観及び機能点検を実施する．

☆問8　屋内タンク貯蔵所について，次のうち誤っているものはどれか．
(1) 保安距離，保有空地については，法令上必要はない．
(2) 屋内貯蔵タンクの容積は，指定数量の40倍以下とされている．
(3) タンク本体の構造は，屋外タンク貯蔵所の基準と同一であること．
(4) 第4類の危険物の貯蔵は，すべて最大容量を20,000ℓまでとされている．
(5) タンクと専用室の壁とは0.5m以上の間隔を保つこと．

★問9　給油取扱所の懸垂式固定給油設備の位置として，次のうち誤っているものはどれか．
(1) 道路境界線から，4m以上の間隔を保っていなくてはならない．
(2) 敷地境界線から，2m以上の間隔を保っていなくてはならない．
(3) 地下専用タンクの給油口から，10m以上の間隔を保っていなくてはならない．
(4) 給油取扱所の建築物の壁に開口部がある場合，当該壁から2m以上の間隔を保っていなくてはならない．

(5) 給油取扱所の建築物の壁に開口部がない場合，当該壁から 1m 以上の間隔を保っていなくてはならない．

★**問 10** 製造所等に掲げる注意事項を表示した掲示板について，次のうち誤っているものはどれか．
(1) 第 1 類危険物（アルカリ金属の過酸化物）————— 禁　水
(2) 第 2 類危険物（引火性固体を除くすべて）————— 火気注意
(3) 第 3 類危険物（カリウム，ナトリウム）————— 注水厳禁
(4) 第 3 類危険物（黄りん）————— 火気厳禁
(5) 第 5 類危険物（すべて）————— 火気厳禁

★**問 11** 所要単位の計算方法として，次のうち正しいものはどれか．
(1) 外壁が耐火構造の製造所の建築物は，延べ面積 150m^2 を 1 所要単位とする．
(2) 外壁が不燃材料の製造所の建築物は，延べ面積 75m^2 を 1 所要単位とする．
(3) 外壁が耐火構造の貯蔵所の建築物は，延べ面積 100m^2 を 1 所要単位とする．
(4) 外壁が不燃材料の貯蔵所の建築物は，延べ面積 50m^2 を 1 所要単位とする．
(5) 危険物は指定数量の 10 倍を 1 所要単位とする．

★**問 12** 次の製造所等で貯蔵量・取扱量に制限のないものはいくつあるか．
・屋内タンク貯蔵所
・簡易タンク貯蔵所
・移動タンク貯蔵所
・屋内貯蔵所
・地下タンク貯蔵所
(1) 1つ　　(2) 2つ　　(3) 3つ　　(4) 4つ　　(5) 5つ

★問13　危険物を車両で運搬する場合の基準について，次のうち誤っているものはどれか．
(1) 指定数量以上の危険物を車両で運搬する場合には，当該車両に標識を掲げなければならない．
(2) 指定数量以上の危険物を車両で運搬する場合には，その危険物に適応する消火器を備え付けなければならない．
(3) 指定数量以上の危険物を車両で運搬する場合には，危険物取扱者が同乗していなければならない．
(4) 運搬容器及び包装の外部に危険物の品名，数量等を表示して積載しなければならない．
(5) 第4類の危険物のうち特殊引火物を運搬する場合には，日光の直射を避けるため遮光性の被覆で覆うこと．

☆問14　移動タンク貯蔵所によるアセトンの移送，取扱いについて，次のうち正しいものはどれか．
(1) 車両の前後に，0.3 m平方～0.4 m平方の「危」の標識を掲示すること．
(2) 甲種，乙種第4類又は丙種危険物取扱者が同乗すること．
(3) 定期点検記録，完成検査済証等のコピーを備え付けてある．
(4) 泡消火器を備え付けてある．
(5) 移動タンク貯蔵所から他のタンクに危険物を注入するときに原動機を停止させなかった．

★問15　製造所等の使用停止命令の事由として，次のうち該当しないものはどれか．
(1) 危険物の貯蔵及び取扱い基準の遵守命令に違反したとき．
(2) 製造所等の位置，構造又は設備を許可を受けずに変更したとき．
(3) 定期点検をしなければならない製造所等が，この期間内に点検しないとき．
(4) 定期点検の届出を怠っているとき．
(5) 完成検査を受けずに屋内貯蔵所を使用したとき．

《物理学及び化学》

★問 16　比熱（c），質量（m），熱容量（C）の関係式として，次のうち正しいものはどれか．
(1) $C = cm$　　(2) $C = c^2m$　　(3) $C = cm^2$　　(4) $C = c/m$
(5) $C = m/c$

★問 17　次のガス又は蒸気のうちで，空気より軽いものはどれか．
(1) 水　素
(2) ガソリン
(3) ベンゼン
(4) メチルアルコール
(5) 軽　油

★問 18　静電気の帯電について，次のうち正しいものはどれか．
(1) 可燃性液体に静電気が蓄積すると，可燃性液体の電気分解が促進される．
(2) 可燃性液体に静電気が蓄積すると，発熱するため可燃性蒸気の発生が促進される．
(3) 可燃性液体に静電気が蓄積すると，放電火花を生じることがある．
(4) 静電気により引火した火災に対しては，電気火災に準じた消火方法をとる．
(5) 静電気の帯電防止策として，電気絶縁性を高くし接地する方法がある．

★問 19　次の物質 1mol を完全に燃焼するとき，必要な酸素量の最も少ないものは，次のうちどれか．
(1) メチルアルコール（CH_3OH）
(2) エチルアルコール（C_2H_5OH）
(3) 酢酸（CH_3COOH）
(4) ベンゼン（C_6H_6）
(5) アセトン（CH_3COCH_3）

☆**問20** 反応熱に関する次の記述のうち，誤っているものはどれか．
(1) 溶解熱とは物質1モルを多量の溶媒中に溶かすときに発生又は吸収する反応熱をいう．
(2) 生成熱とは化合物1モルが成分元素の単体から生成するときに発生又は吸収する熱量をいう．
(3) 分解熱とは生成熱とは逆に分解するときに生ずる熱量である．
(4) 中和熱とは酸と塩基の1g当量を中和する熱量である．
(5) 燃焼熱とは物質1モルが完全に燃焼するときに発生する熱量をいう．

★**問21** 鋼製の配管埋設として，最も腐食しにくいのは，次のうちどれか．
(1) 塩分の多い湿った土壌に埋設する．
(2) 乾燥した砂と湿った粘土の境に埋設する．
(3) コンクリートの中に完全に埋設する．
(4) 直流駆動電車の軌道に近い土壌に埋設する．
(5) 異種金属の配管と接続し，埋設する．

☆**問22** 次の組合せのうちで，燃焼の起こり得ないものはどれか．

	可燃性物質	酸素供給源	点火源
(1)	灯油	空気	マッチの火
(2)	ガソリン	空気	電気火花
(3)	重油	酸素	機械工具の接触による火花
(4)	二酸化炭素	酸素	ライターの火
(5)	軽油	酸素	静電気火花

★**問23** 次の文の【 】内のA～Dに当てはまる語句の組合せとして，正しいものはどれか．

「自然発火とは，他から火源を与えずに，物質が空気中において自然に【A】し，その熱が長時間【B】されて【C】に達し，ついに【D】に至る現象である．」

	A	B	C	D
(1)	吸熱	蓄積	引火点	分解
(2)	発熱	蓄積	発火点	燃焼
(3)	発熱	放出	発火点	分解
(4)	吸熱	放出	発火点	燃焼
(5)	発熱	蓄積	引火点	分解

☆**問24** 水の消火剤としての他の消火剤と比較した特徴として，次のうち誤っているものはどれか．

(1) 蒸発熱，比熱が小さい．
(2) 水による損害などが比較的大きい．
(3) 一般に油類の火災には用いられない．
(4) 電気火災では感電することがある．
(5) 注水して発熱，発火する危険物には使用できない．

☆**問25** 鋳鉄をグラインダーで研磨すると火花が発生し，これが引火の原因となることがあるが，この場合の火花について正しく説明したものは次のうちどれか．

(1) 鋳鉄の小片が燃焼しながら落下したものである．
(2) 研磨によって発生した鉄の微粒子が，摩擦熱で発光したものである．
(3) 溶融した鋳鉄が微粒化して発光したものである．
(4) 周囲の空気が摩擦熱によって高温になり発光したものである．
(5) 摩擦によって蓄積された静電気が放電したものである．

《危険物の性質並びにその火災予防及び消火の方法》

☆**問 26** 各類の危険物の性質に関する次の記述のうち，どちらも誤っているものの組合せはどれか．

　A　第2類の危険物は可燃性の固体であり，第4類の危険物は可燃性の液体である．
　B　第1類の危険物は酸化性の固体であり，第6類の危険物は酸化性の液体である．
　C　第3類の危険物は自然発火性物質及び禁水性物質の固体である．
　D　第5類の危険物は自己反応性物質の固体又は液体である．

　(1) AとB　　(2) AとC　　(3) AとD　　(4) BとC　　(5) CとD

☆**問 27** 次の危険物は，潮解性を有するものを挙げたが，このうち誤っているものはどれか．
　(1) 過酸化カリウム
　(2) 塩素酸ナトリウム
　(3) 臭素酸亜鉛
　(4) 過マンガン酸カリウム
　(5) 過マンガン酸ナトリウム

★**問 28** 貯蔵タンク及び容器に，窒素，アルゴン等の不燃性ガスを封入しなければならない危険物は，次のうちどれか．
　(1) リチウム
　(2) アルキルアルミニウム
　(3) ニトロセルロース
　(4) りん化カルシウム
　(5) メチルエチルケトンパーオキサイト

★問29 次の危険物に適応する消火剤として，誤っているものはどれか．
(1) K_2O_2 →強化液消火器
(2) Al →乾燥砂
(3) NH_4ClO_4 →水
(4) CH_3OH →粉末消火器
(5) $C_6H_2(NO_2)_3CH_3$ →水

☆問30 次の無機過酸化物の化学変化のうち，誤っているものはどれか．

	品 名	溶 剤	元素又は化合物
(1)	過酸化カリウム	水	酸素，水酸化カリウム
(2)	過酸化ナトリウム	水	酸素，水酸化ナトリウム
(3)	過酸化カルシウム	希酸類	酸素，水酸化カルシウム
(4)	過酸化マグネシウム	酸類	過酸化水素
(5)	過酸化バリウム	酸及び熱湯	酸素，過酸化水素

★問31 第1類の過酸化バリウムの性状として，次のうち誤っているものはどれか．
(1) 灰白色の粉末である．
(2) 融点は450℃である．
(3) 熱湯により分解し酸素を発生する．
(4) アルカリ金属の無機過酸化物の中では，最も安定している．
(5) 水には溶けにくい．

☆問32 過マンガン酸ナトリウムの性質の説明として，正しいものはいくつあるか．
　　A　水に溶けやすく，潮解性がある．
　　B　加熱すれば170℃で分解し，酸素を発生する．
　　C　硫酸を加えると，爆発の危険がある．
　　D　消火の方法は，注水消火が効果的である．
　　E　白色の粉末である．
　　(1) 1つ　　(2) 2つ　　(3) 3つ　　(4) 4つ　　(5) 5つ

★問33 第2類の危険物の性質として，次の記述のうちいずれも誤っているものの組合せはどれか．
　　A　酸化性物質との混合は，衝撃などにより発火・爆発する危険がある．
　　B　可燃性の液体又は固体である．
　　C　可燃性の物質で水に溶けて分解する．
　　D　一般に比重は1より大きい．
　　(1) AとB　　(2) AとC　　(3) AとD　　(4) BとC　　(5) CとD

☆問34 硫黄の性質についての記述で，次のうち正しいものはいくつあるか．
　　A　電気の良導体で，静電気を帯電する．
　　B　水に溶けないが，二硫化炭素に溶ける．
　　C　硫黄粉は，加熱，衝撃により爆発する．
　　D　燃焼すると窒息性の有毒ガス（二酸化硫黄）を発生する．
　　E　硫黄は硫酸の原料となる．
　　(1) 1つ　　(2) 2つ　　(3) 3つ　　(4) 4つ　　(5) 5つ

★問35 亜鉛粉の性状として，次のうち誤っているものはどれか．
　　(1) 硫黄と混合したものを加熱すると，硫化亜鉛を生じる．
　　(2) アルカリとは反応しない．
　　(3) 酸と反応して水素を発生する．
　　(4) 湿気，水分により，自然発火することがある．
　　(5) 酸化剤と混合したものは，加熱，衝撃及び摩擦により発火することがある．

☆**問36** カリウムとナトリウムの比較について，次のうち誤っているものはどれか．
(1) 比重は，カリウムの方が小さい．
(2) 融点は，ナトリウムの方が高い．
(3) 沸点は，カリウムの方が低い．
(4) 水と反応して，ともに水素を発生する．
(5) ともに不燃性である．

★**問37** 第3類の危険物の炭化カルシウムに関する次の記述のうち，【　】の中に適する用語を選び，正しい文章になる組合せはどれか．

「炭化カルシウムは，水と作用して【A】と熱を発生し【B】を生ずる．この際の化学式の反応は【C】となる．」

	A	B	C
(1)	メタンガス	酸化カルシウム	吸熱反応
(2)	アセチレンガス	水酸化カルシウム	発熱反応
(3)	メタンガス	水酸化カルシウム	吸熱反応
(4)	アセチレンガス	酸化カルシウム	発熱反応
(5)	メタンガス	水酸化カルシウム	発熱反応

☆**問38** 第2石油類に関する次の記述のうち，誤っているものはどれか．
(1) 灯油及び軽油のほか1気圧において引火点が21℃以上70℃未満のものをいう．
(2) 指定数量は，非水溶性のものより，水溶性のものの方が多い．
(3) 灯油及び軽油のほかの危険物は，丙種危険物取扱者は単独で取扱作業ができない．
(4) テレビン油の指定数量は，2,000ℓである．
(5) 酢酸は水より重く，水に溶ける．

★問39　アセトアルデヒドに関する記述で，次のうち正しいものはいくつあるか．
　　A　水に溶けないが，アルコール，ジエチルエーテルに溶ける．
　　B　揮発しやすく，油脂をよく溶かす．
　　C　酸化すると酢酸となる．
　　D　蒸気は粘膜を刺激し有毒である．
　　E　熱又は光で分解するとプロパンと二酸化炭素となる．
　(1)　1つ　　(2)　2つ　　(3)　3つ　　(4)　4つ　　(5)　5つ

★問40　第5類の危険物の消火に関し，次のうち誤っているものはどれか．
　(1)　スプリンクラー設備で冷却消火する．
　(2)　泡消火設備で冷却消火する．
　(3)　一般的に窒息消火は効果がない．
　(4)　燃焼している危険物の量が多い場合は，消火が極めて困難である．
　(5)　燃焼速度が速いので，ハロゲン化物消火設備で消火する．

☆問41　第5類の危険物のうち，一般式［R−N＝N−R］で表される化合物はどれか．
　(1)　アジ化合物
　(2)　ニトロ化合物
　(3)　ニトロソ化合物
　(4)　アゾ化合物
　(5)　ジアゾ化合物

☆問42　硝酸メチルの性状として，次のうち誤っているものはどれか．
　(1)　引火点は15℃と常温より低い．
　(2)　蒸気の比重は空気より重い．
　(3)　水に溶ける．
　(4)　沸点は水より低い．
　(5)　芳香の有る無色透明の液体である．

★問43　第6類の危険物の性質に関する次の記述のうち，いずれも誤っているものの組合せはどれか．

　　A　多くの酸素を含有する液体である．
　　B　空気がなくても点火源があれば燃焼する．
　　C　金属と接触すると発熱し燃焼する．
　　D　熱，直射日光に不安定である．
　(1)　AとB　　(2)　AとC　　(3)　AとD　　(4)　BとC　　(5)　CとD

☆問44　過酸化水素の性状として，次のうち誤っているものはどれか．
　(1)　水に溶けやすい．
　(2)　引火性がある．
　(3)　極めて不安定であり，常温（20℃）でも水と酸素に分解する．
　(4)　漂白剤や消毒剤として使用する．
　(5)　沸点は水より高い．

★問45　硝酸の性状として，次のうち誤っているものはどれか．
　(1)　純粋なものは無色透明の液体である．
　(2)　水より重く，水と任意の割合で溶ける．
　(3)　湿気を含む空気中では発煙する．
　(4)　濃硝酸は金，白金を腐食する．
　(5)　加熱により黄褐色となり酸素，二酸化窒素を生じる．

予想問題 7

解答時間：2時間30分
問題数：合計45問

1 危険物に関する法令　15問
2 物理学及び化学　　　10問
3 危険物の性質並びに
　その火災予防及び消
　火の方法　　　　　　20問

《危険物に関する法令》

★**問 1** 法別表第一に掲げられている危険物の性質とその品名の組合せとして，次のうち誤っているものはどれか．
 (1) 酸化性固体……無機過酸化物
 (2) 可燃性固体……引火性固体
 (3) 自然発火性物質及び禁水性物質……金属のりん化物
 (4) 引火性液体……アルコール類
 (5) 自己反応性物質……ハロゲン間化合物

★**問 2** 法令上，すべての製造所等の所有者等に共通して義務づけられることとして，次のうち正しいものはどれか．
 (1) 危険物保安監督者を定めること．
 (2) 予防規程を定めること．
 (3) 定期に点検をすること．
 (4) 危険物施設保安員を定めること．
 (5) 危険物漏えい事故が発生した場合には，応急措置を講じること．

★**問 3** 製造所等の区分として，次のうち誤っているものはどれか．
 (1) 屋外貯蔵所……屋外の場所において，危険物を貯蔵し又は取扱う貯蔵所
 (2) 屋内貯蔵所……屋内の場所において，危険物を貯蔵し又は取扱う貯蔵所
 (3) 製造所……危険物を製造する施設
 (4) 簡易タンク貯蔵所……簡易タンクにおいて，危険物を貯蔵し又は取扱う貯蔵所
 (5) 移動タンク貯蔵所……危険物を運搬容器に収納して他の場所へ移す施設

☆**問4** 仮使用の説明として，次のうち誤っているものはどれか．
(1) 仮使用とは，定期点検中の製造所等を，10日以内の期間，市町村長等の許可を得て仮に使用することをいう．
(2) 仮使用とは，製造所等を変更する場合に，変更工事以外の部分を市町村長等の承認を得て，完成検査前に使用することをいう．
(3) 仮使用の申請は，製造所等の一部変更の許可を受け，工事期間中に変更工事以外の部分について行う．
(4) 給油取扱所の事務所の変更許可を受け，変更部分以外の一部を使用したいので仮使用の申請を行った．
(5) 完成検査前に，変更工事にかかわる部分以外の部分全部を市町村長等の承認を受けて仮使用した．

★**問5** 法令上，次の（　）内のA，B，Cに該当する語句の組合せとして，正しいものはどれか．

「製造所，貯蔵所及び取扱所の所有者，管理者又は（　A　）は，当該製造所，貯蔵所又は取扱所の用途を廃止したときは，（　B　）その旨を（　C　）に届け出なければならない．

	A	B	C
(1)	監督者	10日以内に	消防長又は消防署長
(2)	占有者	10日以内に	市町村長等
(3)	監督者	10日以内に	市町村長等
(4)	占有者	遅滞なく	市町村長等
(5)	監督者	遅滞なく	消防長又は消防署長

★問6 法令上，危険物取扱者に関する記述として，次のうち正しいものはどれか．
(1) 丙種危険物取扱者が取扱うことのできる危険物は，ガソリン，灯油，軽油，第三石油類（重油，潤滑油及び引火点が130℃以上のものに限る．）だけである．
(2) 乙種危険物取扱者が免状に指定されていない類の異なる危険物を取扱う場合は，甲種危険物取扱者又は当該危険物を取扱うことのできる乙種危険物取扱者が立会わなければならない．
(3) 甲種，乙種及び丙種の免状を有する危険物取扱者の立会いがあれば，危険物取扱者以外の者が危険物を取扱うことができる．
(4) 製造所等の所有者等の許可があれば，危険物取扱者以外の者が，危険物取扱者の立会いなしに危険物を取扱うことができる．
(5) 危険物保安監督者は，すべての類の危険物を取扱うことができる．

★問7 危険物取扱者免状の書換えについて，次のうち正しいものはどれか．
(1) 書換えは，居住地を管轄する市町村長等に申請する．
(2) 書換えは，勤務地を管轄する市町村長等に申請する．
(3) 書換えは，居住地又は勤務地を管轄する市町村長等に申請する．
(4) 書換えは，当該免状を交付した都道府県知事に申請する．
(5) 書換えは，当該免状を交付した都道府県知事，居住地又は勤務地を管轄する都道府県知事に申請する．

☆問8 法令上，一定数量以上の危険物を取扱う場合，危険物施設保安員を選任しなければならない製造所等として，次のうち正しいものはどれか．
(1) 屋内貯蔵所
(2) 第二種販売取扱所
(3) 一般取扱所
(4) 給油取扱所
(5) 屋内タンク貯蔵所

★問9 予防規程を定めなければならない製造所等として，次のうち誤っているものはどれか．
(1) 製造所
(2) 屋内貯蔵所
(3) 屋内タンク貯蔵所
(4) 屋外貯蔵所
(5) 屋外タンク貯蔵所

★問10 定期点検について，次のうち誤っているものはどれか．ただし，規則で定める漏れの点検を除く．
(1) 定期点検は，原則として1年に1回以上実施しなければならない．
(2) 危険物施設保安員の立会いがあれば，危険物取扱者以外の者でも定期点検を行うことができる．
(3) 定期点検の記録は，3年間保存しなければならない．
(4) 定期点検は，原則として，危険物取扱者又は危険物施設保安員が行わなければならない．
(5) 定期点検は，製造所等の位置，構造及び設備が技術上の基準に適合しているかどうかについて行う．

☆問11 次の製造所等のうち，危険物を貯蔵又は取扱う建築物等の周囲に空地を保有しなければならない旨の規定が設けられていないものはどれか．
(1) 屋外タンク貯蔵所
(2) 屋内貯蔵所
(3) 簡易タンク貯蔵所（屋外に設けるもの）
(4) 給油取扱所
(5) 一般取扱所

☆**問12** 法令上，販売取扱所について，次のうち誤っているものはどれか．
(1) 指定数量の倍数によって，第一種販売取扱所と第二種販売取扱所とに区分される．
(2) 第一種販売取扱所は，建築物の1階に設置しなければならない．
(3) 第一種販売取扱所の用に供する部分には，窓を設置してはならない．
(4) 第一種販売取扱所には，第一種販売取扱所である旨を表示した標識と防火に関し必要な事項を掲示した掲示板を設けなければならない．
(5) 危険物を配合する室は，6m² 以上 10m² 以下とし，その床は危険物が浸透しない構造とするとともに適当な傾斜をつけ，かつ，貯留設備を設けなければならない．

★**問13** 警報設備及び避難設備に関する次の文の（　）内のA, Bに該当する語句の組合せとして，正しいものはどれか．
「指定数量の（　A　）倍以上の危険物を貯蔵し又は取扱う製造所等（移動タンク貯蔵所を除く）には，火災が発生した場合自動的に作動する火災報知設備その他の警報設備を設けなければならない．また，火災時に避難する方向をわかりやすくするため，特定の（　B　）に避難設備（誘導灯）を設けなければならない．」

	A	B
(1)	10	移送取扱所
(2)	10	給油取扱所
(3)	50	一般取扱所
(4)	50	移送取扱所
(5)	50	給油取扱所

★問 14　製造所等の危険物の貯蔵・取扱いに関して，次のうち誤っているものはどれか．
  (1) 保護液中に保存している危険物は，保護液から露出しないようにすること．
  (2) 類を異にする危険物は，原則として同一の貯蔵所に同時に貯蔵しないこと．
  (3) 危険物は原則として，海中又は水中に流出させ又は投下しないこと．
  (4) 防油堤の水抜口は，通常常に閉鎖しておくこと．
  (5) 危険物の変質，異物の混入等により，危険性が増大するおそれのあるときは，定期的に安全を確認すること．

★問 15　運搬容器の外部に表示しなければならない事項について，次のうち規則で定められていないものはどれか．
  (1) 危険物の品名
  (2) 危険物の数量
  (3) 危険物の消火方法
  (4) 危険等級
  (5) 収納する危険物に応じた注意事項

《物理学及び化学》

★問16 次のように物質の分子式と1gあたりの沸点における蒸発熱を示してある．このうち，1モルあたりの蒸発熱が最も大きいのはどれか．ただし，原子量は，H＝1，O＝16，C＝12，N＝14とする．
(1) 水（H_2O） 2257J/g
(2) ベンゼン（C_6H_6） 394J/g
(3) アンモニア（NH_3） 1362J/g
(4) エチルアルコール（C_2H_5OH） 859J/g
(5) ジエチルエーテル（$C_2H_5OC_2H_5$） 352J/g

★問17 ガソリン，灯油等の引火性液体が給油ホース内を流動すると静電気が発生する．次のうち，静電気が発生しやすいものはどれか．
(1) 空気中の温度が高いとき
(2) 空気中の湿度が高いとき
(3) 液温が低いとき
(4) 流速が小さいとき
(5) 流れが乱れているとき

★問18 次のうち誤っているものはどれか．
(1) 物質が酸素と化合することを酸化という．
(2) 物質が水素と化合することを還元という．
(3) 酸と塩基から塩と水のできる反応を中和という．
(4) 空気は，窒素や酸素などの混合物である．
(5) 水は，酸素と水素の混合物である．

☆問19 ベンゼン39gを完全燃焼させるのに必要な空気量（ℓ）として，次のうち最も近い数値はどれか．ただし，空気中には酸素が20％含まれるものとする．
(1) 54 ℓ　(2) 84 ℓ　(3) 112 ℓ　(4) 224 ℓ　(5) 420 ℓ

☆**問20** 2H$_2$（気）＋ O$_2$（気）＝ 2H$_2$O（気）＋ 486kJ（116kcal）
上の方程式に関する記述として，次のうち誤っているものはどれか．ただし，原子量は，水素＝1，酸素＝16 とする．
(1) 水素2モルと酸素1モルが反応して水蒸気2モルができる反応である．
(2) この反応では486kJ（116kcal）の発熱がある．
(3) 標準状態において，水素44.8ℓと酸素22.4ℓの混合気体に点火すると，44.8ℓの水蒸気が発生する．
(4) 水素が燃焼すると，水素1モルあたり486kJ（116kcal）の発熱がある．
(5) この反応の結果生成した水蒸気が液体となるときは，熱が放出される．

★**問21** 0.1mol/ℓの濃度の硫酸銅水溶液のつくり方として，次のうち正しいものはどれか．ただし，硫酸銅（CuSO$_4$）の分子量は160，水（H$_2$O）の分子量は18.0 とする．
(1) 16gのCuSO$_4$を1ℓの水に溶かす．
(2) 16gのCuSO$_4$・5H$_2$Oを水に溶かして1ℓにする．
(3) 25gのCuSO$_4$・5H$_2$Oを1ℓの水に溶かす．
(4) 25gのCuSO$_4$・5H$_2$Oを水に溶かして1ℓにする．
(5) 25gのCuSO$_4$・5H$_2$Oを975mℓの水に溶かす．

★**問22** 無機化合物と比較した有機化合物の性質として，次のうち誤っているものはどれか．
(1) 水に溶けないものが多い．
(2) 沸点及び融点が低いものが多い．
(3) 可燃性のものが多い．
(4) アルコール，アセトンなど有機溶媒に溶けるものが多い．
(5) 完全燃焼して一酸化炭素と水蒸気になる．

★問23 燃焼に関する説明として，次のうち誤っているものはどれか．
(1) ガソリンのように，発生した蒸気が燃焼することを蒸発燃焼という．
(2) コークスのように，熱分解や蒸発をせずに，固体自身の表面で燃焼することを表面燃焼という．
(3) 木材のように，加熱により熱分解しその生成ガスがまず燃焼することを分解燃焼という．
(4) セルロイドのように，分子内に含有する酸素によって燃焼することを内部（自己）燃焼という．
(5) ロウソクのように，可燃性蒸気が噴出するときに空気と混合気体になる燃焼を予混合燃焼という．

★問24 比重 0.79，沸点 57℃，引火点 −20℃，発火点 465℃，燃焼範囲 2.15〜13.0（容量%），蒸気比重 2.0 の可燃性液体の説明として，次のうち正しいものはどれか．
(1) 発生する蒸気の重さは，水蒸気の 2.0 倍である．
(2) この液体 2ℓ の質量は，158g である．
(3) 炎を近づけても 465℃になるまでは燃焼しない．
(4) 飽和蒸気圧が外気圧に等しくなるのは，液温 57℃のときである．
(5) 炎を近づけると，引火する最低温度は 57℃である．

☆問25 消火剤として使用する炭酸水素ナトリウムに関する説明として，次のうち誤っているものはどれか．
(1) 白色の固体で，水に少し溶ける．
(2) 弱アルカリ性である．
(3) 硫酸ナトリウム水溶液を混合すると泡消火薬剤となる．
(4) 加熱によって，炭酸ナトリウム，二酸化炭素および水に分解する．
(5) 水溶液に硫酸を加えると二酸化炭素を発生する．

《危険物の性質並びにその火災予防及び消火の方法》

☆問 26　危険物の類ごとの性状として，次のうち誤っているものはどれか．
　(1) 第1類と第6類の危険物は，一般に不燃性の物質である．
　(2) 第1類と第6類の危険物は，酸化性の性状を有している．
　(3) 第2類と第5類の危険物は，一般に比重は1よりも大きい．
　(4) 第2類と第5類の危険物には，引火性の物質がある．
　(5) 第4類と第6類の危険物には，液体と固体の物質がある．

☆問 27　混合しても爆発又は発火の危険性のない組合せは，次のうちどれか．
　(1) 硝酸と二硫化炭素
　(2) 硫黄と塩素酸カリウム
　(3) 硝酸アンモニウムとグリセリン
　(4) 硝酸ナトリウムとメチルアルコール
　(5) ニトロセルロースとエチルアルコール

★問 28　危険物とその消火方法として，次のうち誤っているものはどれか．
　(1) 過酸化カリウム……………注水消火
　(2) 硫　　黄…………………水と土砂
　(3) リチウム…………………乾燥砂
　(4) ニトロセルロース…………注水消火
　(5) 過酸化水素…………………注水消火

★問29　火災を想定した場合，塩素酸ナトリウムと同時貯蔵しない方がよい危険物は，次のうちどれか．
　(1) 過塩素酸ナトリウム
　(2) 過酸化ナトリウム
　(3) 臭素酸ナトリウム
　(4) 硝酸ナトリウム
　(5) 塩素酸カリウム

☆問30　塩素酸カリウムについて，次のうち誤っているものはどれか．
　(1) 水に溶けにくいが，熱水には溶ける．
　(2) 赤りんと接すると爆発の危険がある．
　(3) 加熱すると400℃で分解し酸素を放出する．
　(4) アンモニアと反応して爆発の危険がある．
　(5) 貯蔵容器は密閉せず，ガス抜き口栓を設ける．

★問31　よう素酸ナトリウムの性状として，次のうち誤っているものはどれか．
　(1) 比重は1よりも大きい．
　(2) 無色の結晶である．
　(3) 水によく溶ける．
　(4) 加熱により分解し酸素を発生する．
　(5) 乾燥砂をかけて消火する．

☆問32　硫化りんの性状として，次のうち誤っているものはどれか．
　(1) 硫化りんには，組成比により，三硫化りん，五硫化りん，七硫化りんなどがある．
　(2) 七硫化りんは，加水分解により有毒の可燃性ガスを発生する．
　(3) 三硫化りんの比重は，2より大きい．
　(4) 硫化りんは，黄色又は淡黄色の結晶又は粉末である．
　(5) 五硫化りんの沸点は，300℃以下である．

★問33 硫黄の性状として，次のうち誤っているものはどれか．
(1) 粉じん爆発を起こす危険性がある．
(2) 電気の不良導体であり静電気を発生する．
(3) 酸化剤と混ぜると加熱・衝撃により発火の危険がある．
(4) 水によく溶け，二硫化炭素にも溶ける．
(5) 融点が低いので燃焼の際は流動することがある．

☆問34 アルミニウム粉の性状として，次のうち誤っているものはどれか．
(1) 軽く柔らかい金属で，銀白色の粉末である．
(2) 空気中の水分により自然発火することがある．
(3) 酸と反応して，酸素を発生する．
(4) 酸化剤と混合したものは，加熱，衝撃，摩擦により発火しやすい．
(5) ハロゲン元素と接触すると，反応して発火することがある．

★問35 第3類の危険物の貯蔵・取扱いについて，次のうち誤っているものはどれか．
(1) カリウムは，灯油などの保護液中で貯蔵する．
(2) 水素化ナトリウムは，密栓して容器に貯蔵する．
(3) 炭化カルシウムの貯蔵容器は，銅製のものが適している．
(4) ナトリウムは，皮膚の腐食性が強いので，直接触れないようにする．
(5) 黄りんは，空気との接触を避けて，水中で貯蔵する．

☆問36 アルキルアルミニウムの性状として，次のうち誤っているものはどれか．
(1) 空気に触れると，酸化反応を起こして自然発火する．
(2) 水と接触すると，激しく反応してガスを発生する．
(3) 空気又は水との反応性は，アルキル基の炭素数が多いほど大きい．
(4) 高温で不安定で，200℃付近で分解する．
(5) 泡や強化液などの水を基剤とした消火剤とは，爆発的に反応する．

★問37　第4類の危険物の一般的な性状として，次のうち誤っているものはどれか．
　(1) 火気等による引火又は爆発の危険のある液体である．
　(2) 蒸気は空気よりも軽い．
　(3) 液体の比重は，1よりも小さい．
　(4) 水に溶けないものが多い．
　(5) 電気の不良導体であるものが多い．

★問38　次の第4類の危険物の中で，消火剤として水溶性液体用泡消火剤を使用するものはどれか．
　(1) 二硫化炭素
　(2) アセトン
　(3) ベンゼン
　(4) キシレン
　(5) クレオソート油

★問39　アルコール類の性状として，次のうち誤っているものはどれか．
　(1) 無色透明の液体である．
　(2) 水より軽い．
　(3) 炭素数が増加するほど，水溶性は増大する．
　(4) 炭素数が増加するほど，蒸気比重は大きくなる．
　(5) 水より沸点が低い．

☆問40　アニリンの性状として，次のうち誤っているものはどれか．
　(1) 無色無臭の液体である．
　(2) 水に溶けにくい．
　(3) 水よりわずかに重い．
　(4) 空気中で酸化されて赤褐色となる．
　(5) エチルアルコールやベンゼンによく溶ける．

☆**問41** 動植物油類の性状として，次のうち誤っているものはどれか．
(1) 比重は水より小さい．
(2) 水に溶けない．
(3) 乾性油は，ぼろ布にしみ込ませて積み重ねると，自然発火することがある．
(4) 一般に不飽和脂肪酸を含む．
(5) 引火点は100℃程度である．

★**問42** 第5類の危険物の性状として，次のうち誤っているものはどれか．
(1) 硝酸メチルは，引火性で爆発しやすい液体である．
(2) メチルエチルケトンパーオキサイドは，危険性が高いため，市販品は可塑剤で希釈されている．
(3) ニトログリセリンをジエチルエーテルとアルコールに溶かしたものがコロジオンである．
(4) ピクリン酸は，単独でも打撃，衝撃，摩擦などにより爆発の危険性がある．
(5) アジ化ナトリウム自体は，爆発性はないが，酸により，爆発性のアジ化水素酸を発生する．

★**問43** 過酸化ベンゾイルの貯蔵・取扱いについて，次のうち誤っているものはどれか．
(1) 加熱により分解し爆発のおそれがあるので，加熱を避ける．
(2) 衝撃等により爆発するおそれがあるので，衝撃を避ける．
(3) 光等により分解が促進されるので，日光を避ける．
(4) 水と作用して爆発するので乾燥した状態で貯蔵する．
(5) 強酸に接触すると燃焼・爆発の危険があるので，これらのものと隔離する．

★問44　第6類の危険物すべてに効果のある消火方法として，次のうち最も適切なものはどれか．
(1) 棒状の水の噴射
(2) 霧状の注水
(3) ハロゲン化物消火剤の噴射
(4) 二酸化炭素消火剤の噴射
(5) 乾燥砂で覆う．

☆問45　過酸化水素及び硝酸に共通する性状として，次のうち誤っているものはどれか．
(1) 水に溶けない．
(2) 加熱により分解し，可燃性ガスを生じる．
(3) 有機物などと接触すると発火の危険がある．
(4) 自身は不燃性である．
(5) 皮膚を腐食する．

予想問題の解答

予想問題1の解答…128

予想問題2の解答…137

予想問題3の解答…146

予想問題4の解答…155

予想問題5の解答…166

予想問題6の解答…176

予想問題7の解答…187

予想問題1の解答

問1 特殊引火物とは，ジエチルエーテル，二硫化炭素のほか，1気圧において発火点が100℃以下のもの又は引火点が−20℃以下で沸点が40℃以下のものをいう． 正解▶(3)

問2 (1) ×　貯蔵・取扱いについては，各市町村の火災予防条例によりその技術上の基準が定められている．

(2) ×　運搬については，指定数量に関係なく，消防法，危政令，危省令及び告示においてその技術上の基準が定められている．

(3) ×　貯蔵・取扱いについては，各市町村の火災予防条例によりその技術上の基準が定められている．また，運搬については，指定数量に関係なく，消防法，危政令，危省令及び告示においてその技術上の基準が定められている．

(4) ○　危険物の運搬は，車両等によって危険物を一の場所から他の場所へ移すことをいい，運搬方法，容器等の消防法の規制は，指定数量未満の危険物についても適用される．

(5) ×　貯蔵・取扱い及び運搬のいずれについても，各市町村の火災予防条例および消防法，危政令，危省令及び告示においてその技術上の基準が定められている．

正解▶(4)

問3 製造所等の設置場所と許可権者との関係が，消防本部及び消防署を設置している市町村の区域では市町村長であり，消防本部及び消防署を設置していない市町村の区域については，その区域を管轄する都道府県知事が許可権者となることに注意が必要である．（法11条1項，5項） 正解▶(2)

問4 (2)　丙種危険物取扱者は，免状に指定されている危険物についても，立会いはできない．

(3)　乙種危険物取扱者（第4類）は，第4類のすべての危険物について取扱いができる．特殊引火物は第4類の危険物であるから取扱うことができる．

(4)　危険物取扱者免状は，認定資格であり，製造所等の選任の有無とは関係がない．

解　答

(5)　危険物施設保安員が危険物取扱者以外である場合は，別に危険物取扱者を置く必要がある．

(1) が正解である．　正解▶(1)

問5　(2)　×　免状の書換えは，当該免状を交付した都道府県知事，居住地又は勤務地を管轄する都道府県知事に申請しなければならない．　正解▶(2)

問6　危険物施設保安員を定めなければならない製造所等は，次のとおりである．（政令36条）

対象とする製造所等	取扱う危険物の数量等
製造所	指定数量の倍数が100以上取扱うもの
一般取扱所	
移送取扱所	全て定める

したがって，設問中，危険物施設保安員の選任義務のあるものは，製造所で，正解は (1) である．　正解▶(1)

問7　(1) 対象となっている．（規則62条の5の2）

(2) 対象となっていない．

(3) 対象となっている．（規則62条の5の2）

(4) 対象となっている．（規則62条の5の2）

(5) 対象となっている．（規則62条の5の4，62条の8）

したがって，正解は (2) である．　正解▶(2)

問8　(4)　×　住居は，屋外タンク貯蔵所から10m以上の保安距離を有しなければならない．　正解▶(4)

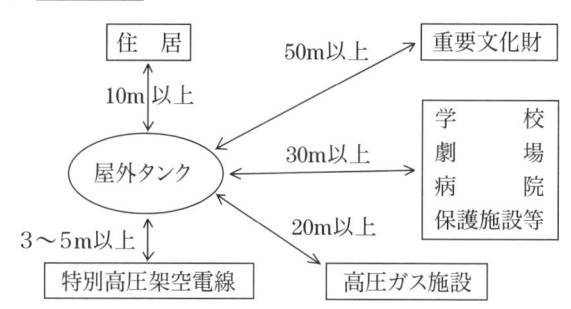

```
              住　居 ←──50m以上──→ 重要文化財
                ↕
              10m以上                    学　校
                                         劇　場
              屋外タンク ←──30m以上──→ 病　院
                                         保護施設等
              ↕                ↕
           3～5m以上          20m以上
                ↕                ↕
           特別高圧架空電線    高圧ガス施設
```

問9　(1)　×　床は，地盤面以上とする．（政令10条1項）

(2)　○　政令10条1項により，正しい．

(3) ○　政令10条1項により，正しい．
(4) ○　政令10条1項により，正しい．
(5) ○　政令9条1項により，正しい．
　したがって，正解は（1）である． 正解▶(1)

問10 (1) ○　政令3条1項2号により，正しい．
(2) ○　政令18条1項1号により，正しい．
(3) ○　政令18条1項3号により，正しい．
(4) ○　政令18条1項9号ハにより，正しい．
(5) ×　建築物の第2種販売取扱所の用に供する部分には，当該部分のうち延焼のおそれのない部分に限り，窓を設けることができるものとし，当該窓には防火設備を設けること．（政令18条2項）
　したがって，正解は（5）である． 正解▶(5)

問11 (1) ×　消火設備は，第1種から第5種までに区分されている．
(2) ×　スプリンクラー設備は，第2種の消火設備である．
(3) ×　泡を放射する大型の消火器は，第4種の消火設備である．
(4) ×　消火粉末を放射する小型の消火器は，第5種の消火設備である．
(5) ○　第5種の消火設備には，小型の消火器，乾燥砂，水バケツ，膨張ひる石，水槽及び膨張真珠岩などが含まれる．
　したがって，正解は（5）である． 正解▶(5)

問12 (5) ×　給油取扱所で自動車等に給油するときは，引火点にかかわらず原動機を停止しなければならない．（政令27条6項1号） 正解▶(5)

問13 (1) ×　自動車等の洗浄を行う場合は引火点を有する液体の洗剤を使用しない．（政令17条1項15号）
(2) ×　自動車等に給油するときは，固定給油設備を使用して直接給油すること．（政令27条6項1号イ）
(3) ×　自動車等に給油するときは，自動車等の原動機を停止すること．（政令27条6項1号ロ）
(4) ○　ガソリンスタンドに設ける建築物の用途は制限されているが，所有者等が自己が居住する住居を建設することは認められる．
(5) ×　大型トラックに給油中，車体の一部または全部が給油空地からはみ出

解　答　　*131*

たままでの給油は禁止されている．（政令27条6項1号ハ）
正解▶(4)

問14　(1)　○　本問の灯油の運搬は指定数量以上であり，通常の運搬に対しては必ずしも甲種，乙種第4類又は丙種危険物取扱者が同乗しなければならないものではないが，個別販売という前提があることから，常に危険物を取り扱うために危険物取扱者が同乗しなければならない．

(2)　○　指定数量以上の運搬であるから車両の前後に標識を備え付けなければならない．（政令30条1項2号）

(3)　×　運搬容器は収納口を「横に」ではなく「上に」向けて積載する．（政令29条4号）

(4)　○　指定数量以上の運搬であるから車両には消火器を備え付けなければならない．（政令30条2項）

(5)　○　運搬容器を積み重ねる場合は高さ3m以下にすること．（政令29条7号）**正解▶(3)**

問15　(1)　○　危険物保安監督者を選任していないとき又は危険物保安監督者に保安に関する業務を行わせていないときには，製造所等の使用停止命令の発令事由に該当する．（法12条の2第2項2号）**正解▶(1)**

問16　「液体の温度を上げると平均して構成分子の（A：運動エネルギー）が増加し，（B：分子間引力）にさからって液面から外へ飛び出て逃げる分子も増加する．すなわち，蒸発が促進される．したがって，液体の（C：蒸気圧）は高くなり，（D：外気圧に等しく）なったときに蒸発は液面だけでなく内部からも行われるようになる．この現象を（E：沸騰）という．」**正解▶(3)**

問17　ベンゼン（C_6H_6）の分子量は，$12 \times 6 + 1 \times 6 = 72 + 6 = 78$

　　　　　ベンゼンの蒸気比重＝ベンゼンの分子量／空気の平均分子量

$$= 78 \div 29 = 2.689 ≒ 2.7$$

したがって，正解は（4）である．**正解▶(4)**

問18　(1)　硫酸（化合物）と水素（単体）

(2)　硝酸（化合物）と塩化ナトリウム（化合物）

(3)　酸素（単体）と軽油（混合物）

(4)　ガソリン（混合物）と空気（混合物）

(5) アンモニア（化合物）と水銀（単体）
したがって，正解は（4）である． **正解▶(4)**

問 19 [計算過程]

$$2H_2 + O_2 \rightarrow 2H_2O$$
$$2 \times 22.4\ell \quad\quad 22.4\ell \quad\quad 2 \times 22.4\ell$$

$$2 \times 22.4\ell : 22.4\ell = X : 10\ell$$

$$X = 2 \times 22.4\ell \times 10\ell / 22.4\ell = 20\ell$$

したがって，酸素 10ℓ は水素 20ℓ を燃焼に消費する． **正解▶(3)**

問 20 [計算過程]

$$溶液の濃度（\%）= \frac{溶質の重さ}{溶液の重さ} \times 100 = \frac{10}{100+10} \times 100 = 9.1\%$$

正解▶(2)

問 21 (1) ○ 物質が酸素と化合することを酸化反応という．
　　　　［例］$Cu + O_2 \rightarrow CuO_2$
　　(2) ○ 物質が酸素を失うことを還元反応という．
　　　　［例］$CuO_2 + C \rightarrow Cu + CO_2$
　　(3) ○ 物質が電子を失う反応を酸化反応という．
　　　　［例］$Na \rightarrow Na^+ + e^-$
　　(4) × 物質が水素と化合することを「酸化反応」ではなく「還元反応」という．
　　　　［例］$HCHO + H_2 \rightarrow CH_3OH$（メチルアルコール）
　　(5) ○ 酸化数の増減で酸化数が減少すれば，その元素は還元されたという．
酸化数が増加すれば，その元素は酸化されたという．
　　　　［例］$Cu + O_2 \rightarrow CuO_2$
　　　　銅の酸化数の増減　：左辺 0 →右辺＋4（増加）→酸化
　　　　酸素の酸化数の増減：左辺 0 →右辺－2（減少）→還元

正解▶(4)

問 22 (5) ×「アミノ基」は－NH_2，－NO_2 は「ニトロ基」である． **正解▶(5)**

問 23 (1) 可燃物の比重の大小（燃焼の難易に最も関係が少ない）
　　(2) 可燃物の熱伝導率の大小（燃焼の難易に関係ある）
　　(3) 可燃物の酸素との接触面積の大小（燃焼の難易に関係ある）

解　答

(4) 可燃物の酸素と化学的親和力の大小（燃焼の難易に関係ある）
(5) 可燃物の酸化反応の活性化エネルギーの大小（燃焼の難易に関係ある）
正解▶(1)

問24 (3) ×　ハロゲン化物消火器で使用する消火薬剤は，「よう素」ではなく「一臭化三ふっ化メタン」「二臭化四ふっ化エタン」等である．

(1)，(2)，(4) および (5) は正しく，正解は (3) である．　**正解▶(3)**

問25 (4) ×　ルシャトリエの法則によると，反応系の圧力を増すと，気体の分子数が減少する方向へ反応が進行し，新しい平衡状態となる．また，反応系の圧力を減少すると，気体の分子数が増加する方向へ反応が進行し，新しい平衡状態となる．

(1)，(2)，(3)，(5) は，それぞれ正しく，正解は (4) である．　**正解▶(4)**

問26 (2) ×　第2類危険物は，可燃性固体であって，比較的低温でも発火し，引火しやすく燃焼速度が速い危険物である．　**正解▶(2)**

問27 火災予防のため水その他の液体で保護し，貯蔵される危険物は，①カリウム（灯油等）②二硫化炭素（水）③黄りん（水）④ナトリウム（灯油等）である．　**正解▶(4)**

問28 潮解とは，空気中の水蒸気を吸収して溶けることをいう．

・NH_4ClO_4（過塩素酸アンモニウム）は，潮解性は有しない．
・$NaNO_3$（硝酸ナトリウム）は，潮解性を有する．
・CrO_3（三酸化クロム）は，潮解性を有する．
・$NaClO_4$（過塩素酸ナトリウム）は，潮解性を有する．
・$KMnO_4$（過マンガン酸カリウム）は，潮解性は有しない．
・CaO_2（過酸化カルシウム）は，潮解性は有しない．

したがって，正解は (3) である．　**正解▶(3)**

問29 (5) ○　アセトアルデヒドの消火は，一般の泡消火剤は不適当であるが，水を噴霧状にして用いれば冷却と希釈の効果が期待できる．その他，耐アルコール泡，二酸化炭素，粉末，ハロゲン化物などが有効である．　**正解▶(5)**

問30　A　×　潮解性の危険物は，水分を吸収し溶け出し，木材，紙，繊維などの吸着性のものに付着し，それが乾燥すると発火・爆発の危険性がある．

したがって，常に，湿気に注意しなければならない．

C　×　強酸類，可燃物，有機物その他の酸性物質との接触は，有機物が「還元」ではなく「酸化」されやすいので避けなければならない．

BとDは，それぞれ正しく，したがって，正解は（2）である．　**正解▶(2)**

問31　A　×　亜塩素酸ナトリウムは，鉄，銅，銅合金を腐食させるので，運搬容器として金属製のものを使用することは避けなければならない．

C　×　二酸化塩素は，塩素と同様に有毒性である．

B，D及びEは，それぞれ正しく，したがって，正解は（3）である．
正解▶(3)

問32　（2）×　鉄粉は，「アルカリ」ではなく「酸」に溶けて水素を発生するが，アルカリには溶けない．

（1），（3）〜（5）は，それぞれ正しい．　**正解▶(2)**

問33　A　×　五硫化りんは，水と激しく反応するのではなく，時間をかけて徐々に分解する．

C　×　アルカリ水酸化物，二硫化炭素にも溶ける．

BとDは，それぞれ正しく，したがって，正解は（2）である．　**正解▶(2)**

問34　B　×　第3類の危険物は可燃性と不燃性の物質があり，点火源がなくても水又は空気に触れて発火するものが多い．

C　×　第3類の危険物は，自然発火性物質及び禁水性物質であり，無機物及び有機化合物がある．

AとDは，それぞれ正しく，したがって，正解は（4）である．　**正解▶(4)**

問35　（4）×　アルキル基の炭素数の増加に従って，危険性を「増す」ではなく「減少する」．　**正解▶(4)**

《アルキルアルミニウムの性状》

①　C_1〜C_4のものは空気に触れると自然発火するおそれがある．C_5以上のものは点火しないと燃えず，C_6以上のものは空気中で酸化生成物である白煙を発生する．

②　水と接触すると激しく爆発的に反応して発火飛散する．

③　空気又は水との反応性は，一般に炭素数およびハロゲン数が多くなるほど小さくなる．

④　一般に高温では不安定であって約200℃付近で分解し可燃性ガスを発生す

る．

⑤　ベンゼン，ヘキサン等の溶剤で希釈すると純度の高いものより反応の厳しさが減少する．

⑥　皮膚に付着すると激しい火傷を起こす．

⑦　燃焼時に発生する白煙は，刺激性があり，多量に吸入すると気管や肺が侵される．

⑧　アルキルアルミニウムが流出し燃焼したときは，乾燥砂でその周囲をかこい，できるかぎり限定した場所で，粉末消火や膨張ひる石等で火勢を抑制しながら周囲を延焼させないようにして完全に燃焼させる．

特に，水だけでなくハロゲン化物消火はアルキルアルミニウムと激しく反応し，有毒ガス等を発生するので絶対に使用しないことが重要である．

問 36　(3)　×　水との反応は，カリウム，ナトリウムほど激しくない．

(1)，(2)，(4) および (5) は，それぞれ正しい記述である．

したがって，正解は (3) である．　**正解 ▶ (3)**

問 37　(1)　○　発火点が最も低く 90℃ と危険性が大きいのは二硫化炭素である．

(2)　○　引火点が最も低く −45℃ と危険性が大きいのはジエチルエーテルである．

(3)　○　特殊引火物のすべては危険等級Ⅰの危険物である．

(4)　×　酸化プロピレンは「非水溶性」ではなく「水溶性」である．

(5)　○　燃焼範囲（4.0 〜 60.0％）の最も広いのはアセトアルデヒドである．

正解 ▶ (4)

問 38　(1)　×　蒸気比重が 2.6 と大きいため，低所に滞留して遠くまで流れるなど，特有の危険性を有する．　**正解 ▶ (1)**

問 39　(4)　×　ガソリンの発火点は約 300℃ であり，自然発火しない．

(1)，(2)，(3) および (5) は，それぞれ正しい．

したがって，正解は (4) である．　**正解 ▶ (4)**

問 40　第 5 類の危険物の火災に対する消火は，一般に可燃物と酸素供給源が共存しているために，爆発的で，きわめて燃焼速度が速いので消火は困難である．したがって，消火の際には，大量の水により冷却するか，泡消火設備による消火が適当である．一般には，第 4 類の危険物の火災に適合する二酸化炭素消火設備，

ハロゲン化物消火設備および粉末消火設備の使用は，設問の場合は適切ではない．
したがって，正解は（1）である．　**正解 ▶ (1)**

問 41　ニトロセルロースは，セルロースを硝酸と硫酸の混合溶液に浸すと生成される．このとき，浸す時間の長さによって窒素含有量が異なる．
・強硝化綿：窒素含有量 12.8％を超えるもの
・弱硝化綿：窒素含有量 12.8％未満のもの
・ピロ綿薬：窒素含有量 12.5％〜12.8％のもの　**正解 ▶ (3)**

問 42　(2)　×　直射日光を避けるために天窓をつけない．
(3)　×　直射日光を避け，換気のよい冷所に貯蔵する．
(4)　×　消火の際の火災により熱分解し，金属ナトリウムをつくるので，水系の消火剤は使用しない．
(5)　×　酸と金属粉（特に重金属粉）と作用してきわめて鋭敏なアジ化水素酸をつくるので，望ましくない．
正解は（1）である．　**正解 ▶ (1)**

問 43　(1)　×　過塩素酸は，無色の発煙性液体である．
(2)，(3)，(4)および(5)は，それぞれ正しい．
したがって，正解は（1）である．　**正解 ▶ (1)**

問 44　(3)　危険がない．硝酸と硫酸の混合液は，単に酸化皮膜を除去するための「酸洗い液」や溶接焼けなど隅（スミ）の磨くことのむずかしい所も磨くことのできる「化学研磨液」として利用されている．金を溶かす「王水」は，硝酸と塩酸の混合液である．
(1)，(2)，(4)および(5)は，いずれも可燃物であり危険である．
したがって，正解は（3）である．　**正解 ▶ (3)**

問 45　ハロゲン間化合物とは，2種類のハロゲンからなる化合物の総称で，ふっ素原子を含むものは特に反応性に富み，ほとんどすべての金属及び多くの非金属と反応して，ふっ化物をつくる．
(1)　×　消火方法としては，水系の消火剤は適当でなく，粉末消火剤又は乾燥砂で消火する．第6類の危険物であっても，水と激しく反応し，発熱と分解を起こすために，消火方法としての注水消火は厳禁である．　**正解 ▶ (1)**

予想問題 2 の解答

問 1 選択肢 (1) 〜 (5) のうち両方の物品とも消防法別表に掲げられている危険物として指定されているものは，(4) のアルコール類（第 4 類危険物）および硝酸（第 6 類危険物）の組合せである．プロパン，消石灰，塩酸，液体酸素は，消防法別表の危険物にはない． 正解▶(4)

問 2 重油の指定数量は，「1,000ℓ」ではなく「2,000ℓ」であり，ギヤー油の指定数量は，「4,000ℓ」ではなく「6,000ℓ」である． 正解▶(4)

問 3 (5) × 一般取扱所とは，「給油取扱所及び移送取扱所」ではなく「給油取扱所，販売取扱所及び移送取扱所」以外で危険物を取り扱う施設をいう．（政令 3 条） 正解▶(5)

問 4 市町村長等は，製造所等の位置，構造及び設備が技術上の基準に適合していないと認めるときは，製造所等の所有者，管理者又は占有者で権原を有する者に対し，技術上の基準に適合するように，これらを修理，改造，移転を命ずることができる．（法 12 条 2 項，3 項）

ただし，直接，危険物保安統括管理者に対して命令することはできない．したがって，正解は (3) である． 正解▶(3)

問 5 (1) × 製造所等の用途を廃止した場合，当該施設の所有者は遅滞なく届け出なければならない．

(2) ○ 法 11 条 6 項により，正しい．

(3) ○ 法 11 条の 4 第 1 項により，正しい．

(4) ○ 法 12 条の 7 第 2 項により，正しい．

(5) ○ 法 13 条 2 項により，正しい．

正解▶(1)

問 6 (4) 免状を交付した都道府県知事は，危険物取扱者が消防法令に違反したときは，危険物取扱者免状の返納を命ずることができる．また，返納を命じられた者は，直ちに危険物取扱者としての資格を喪失する．したがって，正解は (4) である． 正解▶(4)

問 7 (3) × 製造所等において，危険物の取扱業務に従事することとなった日

から原則として1年以内の危険物取扱者免状を所持する危険物施設保安員のすべては講習を受けなければならないが，危険物施設保安員の選任は，必ずしも危険物取扱者免状を所持する者に限定されていないので，「危険物施設保安員のすべて」が講習を受けなければならないものではない．

ただし，危険物保安監督者については，乙種危険物取扱者以上の免状を所持する者に限定されている． **正解▶(3)**

問8 (1) 製造所：指定数量の倍数10以上
　　鉄粉　4,000/500 ＝ 8
　(2) 屋内貯蔵所：指定数量の倍数150以上
　　赤りん　20,000/100 ＝ 200
　(3) 屋外タンク貯蔵所：指定数量の倍数200以上
　　重油　300,000/2,000 ＝ 150
　(4) 屋外貯蔵所：指定数量の倍数100以上
　　硝酸　18,000/300 ＝ 60
　(5) 一般取扱所：指定数量の倍数10以上
　　重油　12,000/2,000 ＝ 6

正解▶(2)

問9 政令9条「製造所の基準」からの出題である．

(4) × 危険物を取扱うために必要な採光，照明及び換気の設備を「設けない」ではなく「設ける」こととされている．

ただし，点火源とならないためには，防爆設備が必要である． **正解▶(4)**

問10 (5) ○ 液体の危険物（二硫化炭素を除く．）の屋外貯蔵タンクの周囲には防油堤を設けなければならない．（政令11条1項）

(1)，(2)，(3) および (4) は，それぞれ限定な記載であるから誤っている．

正解▶(5)

問11 第4種の消火設備は，防護対象物の各部分から一の消火設備に至る歩行距離が30m以下となるように設けなければならない．

第5種の消火設備は，防護対象物までの歩行距離が20m以下となるように設けなければならない．

第1種～第3種の消火設備は，それぞれ別の設備基準が設けられている．

解　答

正解▶(5)

問12　(5) ×　自動車等の一部又は全部が給油空地からはみ出した状態で給油することは禁じられている．（政令27条6項1号）**正解▶(5)**

問13　(5)　該当しない．第4類の第一石油類・アルコール類は，危険等級Ⅱである．正解は(5)である．**正解▶(5)**

問14　(1) ×　危険物を移動タンク貯蔵所で移送する場合には，移送する危険物を取扱うことができる資格を持った危険物取扱者が乗車するとともに危険物取扱者免状を携帯しなければならない．（消防法16条の2第3項）

　(2) ×　危険物を移送する者は，移送の開始前に，弁，マンホール及び注入口のふた，消火器等の点検を十分に行わなければならない．（政令30条の2第1号）

　(3) ○　丙種危険物取扱者は，ガソリンを移動タンク貯蔵所で移送できる．

　(4) ×　危険物を移送する者は移動タンク貯蔵所を休憩，故障等のため一時停止させるときは，安全な場所を選ばなければならない．（政令30条の2第3号）

　(5) ×　危険物を移送する者は，第3類の危険物のうちアルキルアルミニウム，アルキルリチウムその他の総務省令で定める危険物以外の移送については，届出の必要はない．（政令30条の2第5号）

正解▶(3)

問15　(4) ×　製造所等において危険物の流出等の事故が発生した場合は，当該製造所等の所有者等は危険物の拡散防止及び除去，その他災害発生防止のための応急措置等を講じなければならないが，事故現場付近にいる人に，消防活動に従事するよう指示する権限はない．（消防法16条の3「事故時の応急措置等」）

正解▶(4)

問16　[計算過程]

最初の体積を V_1 とし，求める圧力を P_2 とすると，

$$\text{ボイル・シャルルの法則}\quad \frac{P_1 V_1}{T_1} = \frac{P_2 V_2}{T_2}$$

$P_1 = 1$ 気圧，$V_2 = V_1/2$，$T_1 = 273 + 20 = 293\text{K}$，$T_2 = 273 + 35 = 308\text{K}$ より，

$$\frac{V_1}{293} = \frac{V_1}{2} \times \frac{P_2}{308}$$

$$P_2 = 616/293 = 2.1 \text{ 気圧}$$

したがって，正解は（4）である． 正解▶(4)

問17 （4）× 断熱膨張すると気体が膨張しながら外部に対して仕事をするので，内部エネルギーが減少し，温度が低下する． 正解▶(4)

問18 （4）× 物質に静電気が蓄積しても，その物質が蒸発しやすくなることはない． 正解▶(4)

問19 「物質は，一般に温度や（A：圧力）などの条件を変えると，それに応じて，固体，（B：液体）及び気体の3つの（C：状態）に変わる．これを物質の（D：三態変化）という．」 正解▶(4)

問20 ［計算過程］
　　　　150g × 332J/g = 49,800J（ジュール） 正解▶(2)

問21 （1）× 硝酸カリウムの水溶液は，中性であるからリトマス試験紙を変色させない．

（2）○ 炭酸カリウムの水溶液は，強アルカリ性であるから赤いリトマス試験紙を青く変色させる．

（3）× 炭酸水素ナトリウムの水溶液は，弱アルカリ性であるから赤いリトマス試験紙を青く変色させる．

（4）× 水酸化カルシウムの水溶液は，強アルカリ性であるから赤いリトマス試験紙を青く変色させる．

（5）× 硫化水素ナトリウムの水溶液は，酸性であるから青いリトマス試験紙を赤く変色させる．

正解▶(2)

問22 （4）× ニトロベンゼンの原子団は，[－NO$_2$]であり，アセトンの原子団が[－CO]である． 正解▶(4)

問23 （1）○ 設問のうち，燃焼しやすい組合せとして正しいものは，比熱が小さく，乾燥度が大きく，熱伝導率が小さいことが最も適正な要件となる．

解　答

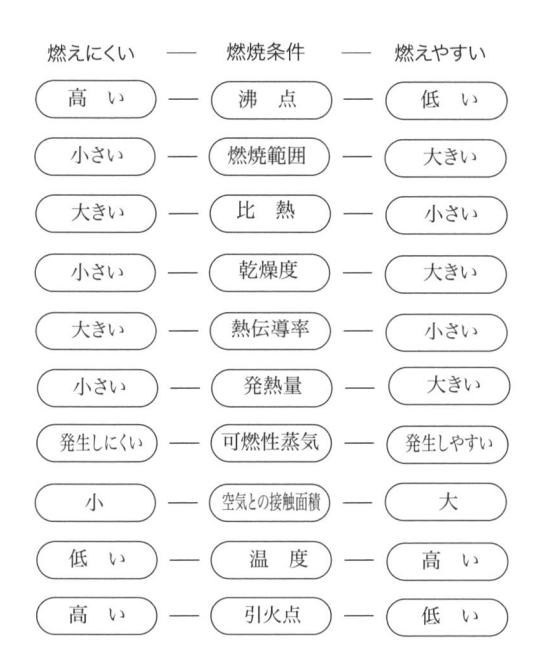

燃えにくい	燃焼条件	燃えやすい
高い	沸点	低い
小さい	燃焼範囲	大きい
大きい	比熱	小さい
小さい	乾燥度	大きい
大きい	熱伝導率	小さい
小さい	発熱量	大きい
発生しにくい	可燃性蒸気	発生しやすい
小	空気との接触面積	大
低い	温度	高い
高い	引火点	低い

正解▶(1)

問24　(2)　○　空気 100ℓ と混合させ，均一な混合気体として，燃焼可能な蒸気量は，燃焼下限値 1.1vol% 以上で燃焼上限値 6.0vol% 以下でなければならない．

下限値 a　$0.011 = a/(100 + a)$　$a = 1.11\,ℓ$

上限値 b　$0.060 = b/(100 + b)$　$b = 6.38\,ℓ$

となり，(2) が最も適切である．　正解▶(2)

問25　正解▶(1)

消火器の区分	消火器の種類	適応火災 ※	主な消火効果
水を放射する消火器	水消火器	A, (C)	冷却作用
	酸・アルカリ消火器	A, (C)	冷却作用
強化液を放射する消火器	強化液消火器	A, (B, C)	冷却作用 (抑制作用)
泡を放射する消火器	化学泡消火器	A, B	窒息作用 冷却作用
	機械泡消火器		
ハロゲン化物を放射する消火器	ハロン 1211 消火器	B, C	窒息作用 抑制作用
	ハロン 1301 消火器		
	ハロン 2402 消火器		

二酸化炭素を放射する消火器		二酸化炭素消火器	B, C	窒息作用 冷却作用
消火粉末を放射する消火器	りん酸塩類等を使用するもの	粉末（ABC）消火器	A, B, C	窒息作用 抑制作用
	炭酸水素塩類等を使用するもの	粉末（K）（Ku）消火器	B, C	窒息作用 抑制作用
	その他	粉末（Na）消火器		

※ A：普通火災，B：油火災，C：電気火災，（ ）内は，霧状に放射する場合

問26 ニトロベンゼン，アセトアルデヒドは第4類の危険物であり，水や湿気による爆発の危険はない．水との接触により直ちに危険性が生じるのは第3類の危険物である． **正解▶(4)**

問27 HNO$_3$（硝酸）は，無色の液体，CrO$_3$（三酸化クロム）は，暗赤色の針状結晶，Ca$_3$P$_2$（りん化カルシウム）は，暗赤色の塊状固体又は粉末，(C$_2$H$_5$)$_3$Al（トリエチルアルミニウム）は，無色の液体，C$_2$H$_5$NO$_3$（硝酸エチル）は，無色透明の液体，CaO$_2$（過酸化カルシウム）は，無色の粉末であり，以上から正解は（3）である． **正解▶(3)**

問28 禁水性物品は，水と接触して発火し，または可燃性ガスを発生するので，水，泡等の水系のものは，消火剤として使用できない．禁水性物品の消火には炭酸水素塩類を用いた粉末消火剤，又はこれらの物品の消火のためにつくられた粉末消火剤を用いる． **正解▶(3)**

問29 第1類の危険物の共通する消火の方法は，一般的には多量の注水により危険物の分解温度以下に冷却し，延焼の拡大を防止することが必要である．その一方で，アルカリ金属の過酸化物の消火に注水消火を使用すると，水と反応して発熱し，または分解して酸素を発生させて爆発事故を起こす原因となって，かえって危険である．したがって，一般の第1類の危険物の消火には，注水消火を使用し，アルカリ金属の過酸化物の消火には，乾燥砂を使用する． **正解▶(5)**

問30 B × 第1類危険物の消火の方法は，一般的には多量の注水消火により冷却することによって分解温度以下にし，燃焼の拡大を防止する効果がある．その一方で，アルカリ金属の過酸化物の消火には注水消火が厳禁の危険物もあり，乾燥砂による消火が最も効果的である場合がある．

塩素酸ナトリウムの消火は，アルカリ金属の過酸化物ではないので，原則どお

解　答　　　　　　　　　　　　　　　　　　　　　　　　　　　　143

り注水消火による．

　D　×　アルコール，水に溶ける．

　AとCはそれぞれ正しく，したがって，正解は（5）である．　**正解▶(5)**

問31　（4）×　次亜塩素酸カルシウム三水塩は，可燃物，還元剤，特にアンモニア及びその塩類との混合物は爆発の危険性がある．　**正解▶(4)**

　高度さらし粉は，さらし粉の有効塩素量をできるだけ高め，かつ長期の貯蔵に耐えうる製品としたもので，次亜塩素酸カルシウムを主成分とする白色の粉末である．空気中では比較的安定であるが，過熱すると150℃以上で分解して酸素を発生し，爆発する．

問32　（1）○　マグネシウム粉の火災の消火方法は，注水消火は燃焼物の飛散につながりかえって火災を拡大してしまう．したがって，注水消火は厳禁とされ，水分を含まない乾燥砂が効果的である．

　（2）○　七硫化りんの火災の消火方法は，乾燥砂や二酸化炭素などの不燃性ガスによる窒息効果が効果的である．

　（3）×　赤りんの火災の消火方法は，乾燥砂では即効性と量的な確保の問題もあり，水に対する反応性がないので，注水消火が有効である．

　（4）○　引火性固体の火災の消火方法は，第4類危険物と同様に，注水消火を除き，ハロゲン化物などの窒息消火を主体とするほとんどの消火の方法が使用できる．

　（5）○　硫黄の火災の消火方法は，注水消火と乾燥砂などが効果的である．

　正解▶(3)

問33　A　×　赤りんは，発火点260℃で，燃焼すると五酸化りんの白煙を発生するが，りん化水素のように有毒な可燃性のガスではない．

　C　×　赤りんは，常圧では約400℃で昇華し，水にも，二硫化炭素にも溶けない．

　BとDは，それぞれ正しく，したがって，正解は（2）である．　**正解▶(2)**

問34　（5）○　「マグネシウム粉は，水に溶けないが，酸に溶けまたは沸騰水に溶け（A：水素）および（B：水酸化マグネシウム）を発生する．」　**正解▶(5)**

問35　（2）水素化カルシウム等の金属の水素化物は，還元性が強く，金属酸化物，塩化物から金属を分離するので，白金，金等の貴金属の分離に使用される．

正解 ▶ (2)

問 36　(2) ×　黄りんの性状は,「毒性はない」ではなく「猛毒性」がある.

正解 ▶ (2)

問 37　(5) ×　炭化カルシウム自体は不燃性であるが,水分と作用して発熱し,可燃性,爆発性のアセチレンガスを発生する.

(1), (2), (3) および (4) は,それぞれ正しい記述である.

したがって,正解は (5) である.　正解 ▶ (5)

問 38　(1) ○　引火点の低いものは,屋内で取り扱う場合は特に換気に注意し,屋内での可燃性蒸気が滞留しないようにする.

(2) ×　可燃性蒸気の排出は,屋内であれば,蒸気の比重が空気の 3〜4 倍と重いため低所に滞留するので,低い場所に換気装置を設置する.

(3) ○　容器に収納するときには,温度の上昇に注意する.温度の上昇による熱膨張で可燃物の容積が膨張し破損の原因となる.

(4) ○　可燃性蒸気が滞留するおそれのある場所の電気機器は防爆構造のものとする.電気のショートにより点火,燃焼の危険の可能性が大きくなる.

(5) ○　引火を防止するためには,履物にも注意しなければならない.金属の金具を装着した靴底による火花が引火源となることが考えられる.

正解 ▶ (2)

問 39　(4) ×　ヨウ素価が「90 以下」ではなく「130 以上」のものは,酸化されやすく,自然発火を起こしやすい.

動植物油類の自然発火は,油が空気中で酸化され,この反応で発生した熱(酸化熱)が蓄積されて発火点に達すると起こる.

自然発火は,一般に乾きやすい油(乾性油)ほど起こりやすく,この乾きやすさを油脂 100g に吸収するヨウ素のグラム数で表したものをヨウ素価といい,不飽和脂肪酸が多いほどヨウ素価が大きく,ヨウ素価が大きいほど自然発火しやすい.　正解 ▶ (4)

問 40　(2) ×　ナトリウムと反応しない.水・エチルアルコールには溶けるが,二硫化炭素,ベンゼン等には溶けない.

(1), (3), (4) および (5) は,それぞれ正しい.

したがって,正解は (2) である.　正解 ▶ (2)

解　答

問 41　(1)　×　アジ化ナトリウムはそれ自体爆発性を持たないが，酸により，有毒で爆発性のアジ化水素酸を発生する．特に，火災の際に熱分解（300℃）し金属ナトリウムを生成するので，第5類の他の危険物の消火と異なり，注水は絶対に使用してはならない．　正解▶(1)

問 42　C　×　硝酸エチルは蒸気比重が3.14と空気の重さの約3倍重く，可燃性蒸気は床面に滞留するので点火源があると発火，爆発的に燃焼する．

　　　D　×　硝酸エチルは引火点が低く，燃焼範囲の下限値も低いので，点火源があると発火，爆発的に燃焼する．

　　　AとBはそれぞれ正しく，したがって，正解は（5）である．　正解▶(5)

問 43　(2)　×　第6類の危険物の貯蔵は，容器は密栓する場合が多いが，過酸化水素のように密栓せずに，通気のために穴のあいた栓をしておくものがある．
　正解▶(2)

問 44　(4)　×　濃度の高いものは，水と酸素とに分解しやすいので安定剤を用いて，容器は密栓せず通気のため穴のあいた栓をしておき，冷所に貯蔵する．

　　(1), (2), (3) および (5) は，それぞれ正しい記述である．

　　したがって，正解は (4) である．　正解▶(4)

問 45　硝酸自身は燃えないので，燃焼物に対応した消火手段をとる．乾燥砂，強化液消火，霧状注水消火が有効である．

　　(2)　×　硝酸の流出事故に対する措置としては，ぼろ布等の有機物に吸い込ませると接触により発火することがある．　正解▶(2)

予想問題3の解答

問1 品名の異なる危険物の指定数量の倍数計算は，法10条2項により，次式により求めることができる．

$$倍数 = \frac{Aの貯蔵量}{Aの指定数量} + \frac{Bの貯蔵量}{Bの指定数量} + \cdots\cdots$$

正解▶(4)

問2 平成14年4月1日から施行の法改正により，屋外貯蔵所において貯蔵し，又は取り扱うことのできる危険物は，次のとおりとなった．

「第2類の危険物のうち硫黄，硫黄のみを含有するもの若しくは引火性固体（引火点が0℃以上のものに限る．）並びに第4類の危険物のうち第1石油類（引火点が0℃以上のものに限る．）及びアルコール類，第2石油類，第3石油類若しくは動植物油類」

(1) ×ジエチルエーテル，×アセトン，○動植物油類
(2) ○メチルアルコール，○硫黄，○軽油
(3) ○ギヤー油，×ガソリン，○エチルアルコール
(4) ×ガソリン，×カリウム，×赤りん
(5) ×硝酸，×過酸化水素，○硫黄

したがって，正解は(2)である．**正解▶(2)**

問3 申請から使用開始までの手続きは，製造所等の設置について，

設置許可申請→許可書の交付→工事着工（開始）→完成検査前検査→工事完了→完成検査申請→完成検査→完成検査済証交付→使用開始

の順序であり，正解は(5)である．**正解▶(5)**

問4 危険物保安統括管理者の選任が必要な事業所は，敷地内に複数の製造所等を有し，大量の第4類の危険物を取扱う事業所であり，自衛消防組織の設置が必要な事業所と同様で，次表のとおりである．

解　答

対象となる製造所等	取扱う第4類の危険物の数量
製造所	指定数量の3,000倍以上
一般取扱所	
移送取扱所	指定数量以上

正解▶(4)

問5　(1)　×　免状の再交付の申請先は，免状を交付又は書換えをした都道府県知事のみである．（政令35条1項）

(2)　×　免状は，亡失，滅失，汚損又は破損しても届出義務はなく，これを理由により再交付を受けたい者が申請すればよい．（政令35条1項）

(3)　×　再交付は，申請すれば交付される．（政令35条1項）

(4)　○　政令35条1項により正しい．

(5)　×　免状返納を命ぜられた者は，直ちに失効となり，その日から1年を経過しない者には免状の交付は行わないことができる．（法13条の2第4項）

したがって，正解は(4)である．**正解▶(4)**

問6　危険物の取扱作業に従事していなかった者が，その後，危険物の取扱作業に従事することになった場合は，その従事することとなった日から1年以内に受講しなければならない．

ただし，従事することとなった日から起算して過去2年以内に危険物取扱者免状の交付を受けている場合又は講習を受けている場合には，免状交付日又はその受講日以後の最初の4月1日から3年以内に受講すればよいとされている．

したがって正解は(3)である．**正解▶(3)**

問7　(1)　○　法14条の2により，正しい．

(2)　○　法14条の2により，正しい．

(3)　○　法14条の2により，正しい．

(4)　×　自衛消防組織を設置している事業所は，予防規程を定めないという規定はなく，むしろ，予防規程を定めることによって自衛消防組織の効率化が達成できる．（法14条の2）

(5)　○　法14条の2により，正しい．

したがって，正解は(4)である．**正解▶(4)**

問8 指定数量の10倍以上の危険物を取扱う製造所等で，避雷針を設けなければならないものは，

・製造所
・屋内貯蔵所
・屋外タンク貯蔵所
・一般取扱所

したがって，屋外貯蔵所は，避雷針を設けなければならない製造所等ではない．

正解▶(3)

問9 (1) ○ 政令13条1項8の2号により，正しい．

(2) × 地下タンク貯蔵所の面積，危険物の倍数，性状等に関係なく，第5種の消火設備を2個以上設けることと定められている．（規則35条）．

(3) ○ 政令13条1項9号により，正しい．

(4) ○ 政令13条1項13号により，正しい．

(5) ○ 政令13条1項5号により，正しい．

したがって，正解は(2)である．**正解▶(2)**

問10 警報設備は，指定数量の10倍以上の危険物を貯蔵し，又は取扱う製造所等（移動タンク貯蔵所を除く．）に，火災が発生した場合自動的に作動する火災報知設備その他の警報設備を設けなければならない．（政令21条）

(1) 設置しない．第1石油類（水溶性液体の指定数量400ℓ）を2,000ℓであるから，指定数量の倍数は5倍となる．

(2) 設置する．第2石油類（非水溶性液体の指定数量1,000ℓ）を10,000ℓであるから，指定数量の倍数は10倍となる．

(3) 設置しない．第3石油類（非水溶性液体の指定数量2,000ℓ）を10,000ℓであるから，指定数量の倍数は5倍となる．設置する必要はない．

(4) 設置しない．第4石油類の指定数量は6,000ℓであるから，指定数量の倍数は1.7倍である．設置する必要はない．

(5) 設置しない．動植物油類の指定数量は10,000ℓであるから，指定数量の倍数は1倍であり設置する必要はない．

したがって，正解は(2)である．**正解▶(2)**

問11 (1) × タンク専用室の出入口のしきいの高さは，床面から「0.4m」で

解　答　　　　149

はなく「0.2m」以上とすること．（政令12条1項17号） 正解▶(1)

問12 (1) ×　危険物の運搬の場合は，危険物の移送のように危険物取扱者が乗車していなければならないものではない．危険物の取扱い作業の際には，危険物取扱者が立会うかまたは危険物取扱者が取扱わなければならない．

(2) ○　指定数量以上の運搬の場合は，車両に標識を掲げるほか，消火設備を備えなければならない．（政令18条1項）

(3) ○　政令30条2項5号により，正しい．

(4) ○　政令30条2項3号により，正しい．

(5) ○　この危険物は，指定数量である．

$$指定数量の倍数 = \frac{500\,\ell}{1{,}000\,\ell} + \frac{100\,\ell}{200\,\ell} = 0.5 + 0.5 = 1.0\,倍$$

したがって，指定数量の倍数1は，1を含めて指定数量以上である． 正解▶(1)

問13　積載する場合の運搬容器の積み上げる高さは，3m以下とする．（政令29条7号，規則46条の2）

したがって，正解は(3)である． 正解▶(3)

問14 (3) ×　移動タンク貯蔵所の移送には，一般の場合は消防機関等にその経路を届け出る必要はないが，アルキルアルミニウム等の移送の際には，あらかじめ届け出が必要とされている． 正解▶(3)

問15 (4) ○　危険物を取扱う場合に，政令で定める技術上の基準に違反したときには，都道府県知事から法令に違反した者として危険物取扱者の免状の返納を命ぜられる．（法13条の2第5項） 正解▶(4)

問16　「液体の温度を（A：高く）すると，その蒸気圧は（B：高く）なり，その蒸気圧が（C：外気圧と等しく）なったときに沸騰が起こる．外圧が低くなったときは，その沸点は（D：低く）なる．」 正解▶(4)

問17　［計算過程］

ボイル・シャルルの法則より，

$$\frac{P_1 V_1}{T_1} = \frac{P_2 V_2}{T_2}$$

1気圧は1.013×10^5Pa（760mmHg）であるから，標準状態の体積V_2は，

$$V_2 = V_1 \times \frac{T_2}{T_1} \times \frac{P_1}{P_2} = 5 \,[\ell] \times \frac{273\,[K]}{(273+20)\,[K]} \times \frac{3.332 \times 10^4\,[Pa]}{1.013 \times 10^5\,[Pa]}$$
$$= 1.53\,[\ell]$$

したがって，正解は (3) である． 正解▶(3)

問18 (1) ×　静電気は，電気の不導体に発生しやすい．

(2) ○　静電気は，湿度が高いほど発生しにくい．

(3) ○　静電気の発生予防には，接地（アース）するのが効果的である．

(4) ○　物質に静電気が蓄積すると，その物質は放電火花を発生する危険が生じる．

(5) ○　液体を配管で移送する際に発生する静電気の帯電量は，流速に「比例」する．

したがって，正解は (1) である． 正解▶(1)

問19 (2) ×　物質の状態変化に伴う熱の吸収・放出量は，その熱エネルギーが状態変化のためだけに消費される．固体が気体に変わるときは熱を吸収する．

正解▶(2)

問20 (1) $H_2SO_4 + \underline{Cu} \rightarrow CuSO_4 + H_2 \uparrow$

Cuの酸化数の増減：左辺のCuの酸化数0（単体のときは0）
　　　　　　　　　：右辺のCuの酸化数＋2

したがって，Cuの酸化数の増減：0→＋2（増加により）酸化

なお，水素については，Hの酸化数の増減：＋1→0（減少）還元

(2) $\underline{CO_2} + C \rightarrow 2CO$

二酸化炭素（炭酸ガス）は酸素を失うために還元である．

(3) $2\underline{CO} + O_2 \rightarrow 2CO_2$

一酸化炭素が酸素と反応するので，酸化である．

(4) $N_2 + 3\underline{H_2} \rightarrow 2NH_3$

Hの酸化数の増減：0→＋1（増加）酸化である．

(5) 炭素が燃焼して二酸化炭素になった．

　　$\underline{C} + O_2 \rightarrow CO_2$

Cの酸化数の増減：0→＋2（増加）酸化である．

別解：炭素が燃焼することは，酸素と反応することで酸化である．　**正解▶(2)**

問 21　よう素価が大きいほど試料中の脂肪酸の不飽和度が高いことを示す．よう素価は，バターで 26〜50，オリーブ油 79〜88，綿実油で 108〜110 である．
正解▶(3)

問 22　(1)　硫黄（蒸発燃焼）
(2)　軽油（蒸発燃焼）
(3)　水素（予混合燃焼）
(4)　ジエチルエーテル（蒸発燃焼）
(5)　ナフタリン（蒸発燃焼）
したがって，正解は (3) である．　**正解▶(3)**
ここで，予混合燃焼とは，可燃性ガスと空気又は酸素とが，燃焼に先立ってあらかじめ混りあって燃焼することをいう．

問 23　燃焼による煙の発生量は，炭素／水素の値が大きいものほど発生しやすい．したがって，(3) のベンゼン→ガソリン→メチルアルコールの順に減少する．
正解▶(3)

問 24　自然発火とは，物質が空気中で常温において自然に発熱し，その熱が長時間蓄積されて発火点に達し，ついに燃焼を起こす現象をいい，発火点が外部からの加熱を条件（点火源ではない）とするのに対して，自然発火は特別に外部から加熱もしない状態である．
(1)　分解熱による発熱（セルロイド，ニトロセルロース等）
(2)　生成熱による発熱は，自然発火の要因とならない．
(3)　酸化熱による発熱（乾性油，原綿，石炭，ゴム粉）
(4)　微生物による発熱（堆肥，ごみ）
(5)　吸着熱による発熱（活性炭，木炭粉末）
正解▶(2)

問 25　(3)　×　薬剤は電気の不良導体であり，電気火災にも適応する．
正解▶(3)

問 26　(3)　×　アルミニウム粉は第 2 類の金属粉で，空気中の水分及びハロゲン元素と接触すると自然発火することがある．　**正解▶(3)**

問 27　(2)　適当ではない．アルミニウム粉は，①水と接触すると水素を発生す

る．②空気中の水分及びハロゲン元素と接触すると自然発火することがある．

したがって，水は厳禁であり，容器に密栓し貯蔵する． 正解▶(2)

問28 (2) × 不燃性ガスで火を消すのは，「抑制効果」ではなく「窒息効果」である． 正解▶(2)

問29 A × 第1類の危険物の共通の性質は，不燃性の酸化性固体である．

D × 第1類の危険物の共通の性質は，可燃性物質と接触するとその燃焼に対して，酸素供給源の役割を果たし，その燃焼を促進するものであって，それ自体も可燃性に変化するものではない．

B，C及びEはそれぞれ正しく，したがって，正解は (3) である． 正解▶(3)

問30 D × 容器は密封して冷所に貯蔵する．

E × 可燃物，有機物その他酸化されやすい物質（硫黄を含む）との接触を避ける．

A，B，Cは，それぞれ正しい．したがって，正解は (5) である． 正解▶(5)

問31 (2) ペルオキソ二硫酸塩およびペルオキソほう酸塩類は，[－O－O－] なる結合を持った物質であることから，従来は過酸化物に属するものとされてきたが，重金属以外の元素のペルオキソ二硫酸塩は，過酸化物に含まれないものと解されることが通例であることから，過酸化物と別個に指定したものである．

なお，過酸化水素付加物は，無機過酸化物に属する． 正解▶(2)

問32 (3) × 第2類の危険物は，可燃性の固体であるから，酸化剤との接触または混合は打撃などによって爆発の危険があるが，還元剤との接触は何らの影響はない． 正解▶(3)

問33 B × 水と作用して「過酸化水素」ではなく「有毒で可燃性の硫化水素」が発生する．冷水には徐々に，熱水とは速やかに作用し分解して有毒で可燃性の硫化水素が発生する．

C × 二硫化炭素に「よく溶ける」ではなく「わずかに溶ける」．

AとDは，それぞれ正しく，したがって，正解は (4) である． 正解▶(4)

問34 (1) × 空気又は水と接触すると直ちに危険性が生じるものがある． 正解▶(1)

問35 (1) エチルリチウム [C_2H_5Li]

(2) ノルマルブチルリチウム [C_4H_9Li]

(3) トリメチルアルミニウム〔(CH$_3$)$_3$Al〕

(4) トリエチルアルミニウム〔(C$_2$H$_5$)$_3$Al〕

(5) エチルアルミニウムジクロリド〔C$_2$H$_5$AlCl$_2$〕

アルキルアルミニウムとアルキルリチウムは，従来は第4類の特殊引火物に指定されていたが，法改正によって第3類の自然発火性と禁水性の両方の性質を持つ取扱上困難な危険物とされた．その中でも炭素数が少ないものほど危険性が大きいのに対して，炭素数が5以上になると空気中でも点火しないと燃えないものもあり，その性質は一様ではない．炭素数が6以上になると空気中で酸化生成物である白煙を発生するが，空気又は水との反応性が小さくなる．　正解▶(4)

問36 (1) ×　水とは反応して「酸素」ではなく「水素」を発生する．

(2)，(3)，(4)および(5)は，それぞれ正しい記述である．

したがって，正解は(1)である．　正解▶(1)

問37 (1) ×　水溶性の危険物が水に溶けるほど，引火点が「低下」ではなく「高く」なる．

(2) ×　水溶性の危険物ほど指定数量が「低く」ではなく「高く」なる．

(3) ×　水溶性の危険物の火災には，普通の泡消火器を使用すると，かえって燃焼面を広げて危険である．

(4) ×　水溶性の危険物の火災には，棒状注水を使用すると，かえって燃焼面を広げて危険である．

(5) ○　水溶性の危険物が水に溶ける場合であっても，その引火点は上昇するが，その危険物の燃焼範囲は変わらない．

正解▶(5)

問38 (3)　乾性油は，自然発火するのに対して不乾性油は自然発火しない．

正解▶(3)

問39 (3) ×　発火点は220℃であり，ガソリンの発火点約300℃より低い．

正解▶(3)

問40 (1)　無色透明で特臭ある油状の液体．

(2)　ニトロセルロースは，外観的に綿や紙の原料と同様にみえる．

(3)　ピクリン酸は黄色の結晶である．

(4)　硫酸ヒドラジンは，白色の結晶である．

(5) アジ化ナトリウムは，無色の板状結晶である．
したがって，正解は（1）である．　**正解▶(1)**

問41　A　×　ニトログリセリンは，有毒で可燃性の油状液体である．
　C　×　ニトログリセリンの可燃性蒸気の重さは，7.84と空気の約8倍で重い．
　B，DおよびEは，それぞれ正しく，したがって，正解は（3）である．
正解▶(3)

問42　（5）　設問上，火災予防上最も注意すべきことは，還元剤の混入を避けることである．
　還元剤は相手の物質を還元すると同時に自身は酸化される．
　したがって，酸化力の強い過マンガン酸カリウムのような物質等と反応すると，還元剤として作用して酸素を発生するので注意が必要である．　**正解▶(5)**

問43　（1）×　過塩素酸の比重は1.77と水より重い．
　（2）×　過塩素酸は常圧で密閉容器に入れ，冷暗所に保存する．
　（3）〇　過塩素酸は加熱すれば爆発する．
　（4）×　オキシフルは「過塩素酸」ではなく「過酸化水素」の3％水溶液である．
　（5）×　過塩素酸はアルコール類等の可燃性有機物と混合すると急激な酸化反応を起こし，発火又は爆発することがある．
正解▶(3)

問44　（4）×　比重は，硝酸1.50に対して1.52である．
したがって，正解は（4）である．　**正解▶(4)**

問45　（3）×　比重は3.19なので1より大きい．
　（1），（2），（4）および（5）は，それぞれ正しい記述である．
したがって，正解は（3）である．　**正解▶(3)**

予想問題 4 の解答

問 1 「第 1 石油類とは，アセトン，ガソリンその他の 1 気圧において引火点が 21°C 未満のものをいう．」 **正解▶(4)**

石油類の分類

石油の類別	引火点	品目例
第1石油類	21°C 未満 （液体）	ガソリン アセトン ベンゼン
第2石油類	21°C 以上 70°C 未満 （液体）	灯油 軽油 氷さく酸
第3石油類	70°C 以上 200°C 未満 （20°C で液状）	重油 クレオソート油 エナメル
第4石油類	200°C 以上 （20°C で液状）	潤滑油類 ギヤー油 シリンダー油

問 2 販売取扱所は，第 1 種（指定数量の倍数が 15 以下のもの）と第 2 種（指定数量の倍数が 15 を超え 40 以下のもの）に区分されている．

販売取扱所は，保有空地，保安距離について規制はないが，店舗は建築物の 1 階に設置しなければならない． **正解▶(4)**

問 3 (1) × 仮使用については，特に期間の限定はない．

(2) × 亡失した免状の再交付については期間の限定はないが，再交付を受けた者が，亡失した免状を発見した場合には，10 日以内に免状を提出しなければならない．（政令 35 条）

(3) ○ 消防長又は消防署長の承認を受ければ，指定数量以上の危険物を 10 日以内の期間に限り，仮に貯蔵し，又は取扱うことができる．（法 10 条 1 項）

(4) × 免状の返納を命ぜられた者は，直ちに危険物取扱者としての資格を喪失する．

(5) × 予防規程を定めたとき，又は変更したときは市町村長等の認可を受

けることとなっているが，期間の限定はない．（法14条の2）

したがって，正解は（3）である． **正解▶(3)**

問4 危険物保安監督者になることができるのは，製造所等において6月(6ヶ月)以上危険物取扱いの実務経験を有する

・甲種危険物取扱者

・乙種危険物取扱者（取得済みの類のみ）

に限られる．丙種は選任される資格にならない． **正解▶(4)**

問5 (1) ×　傷害事件を起こして懲役以上の刑に処せられた場合には，刑法上の罰則を受けることがあっても，消防法上の違反ではないので返納を命ぜられることはない．（消防法13条の2第4項2号）

(2) ×　都道府県知事より返納命令が発せられた時は，直ちにその危険物取扱者免状は失効する．（消防法13条の2第5項）

(3) ○　消防法や政令，規則等の規定に違反すると，都道府県知事から免状の返納を命ぜられる．（消防法13条の2第5項）

(4) ×　免状の返納命令を受けた者は，欠格者であるので，改めて受験し合格しても，返納を命ぜられた日から起算して1年を経過しないとその免状の交付を受けることができない．（消防法13条の2第4項1号）

(5) ×　免状の返納命令を発せられた者は，直ちにその危険物取扱者免状は失効するので，危険物取扱者ではなくなっており，改めて保安講習を受ける必要はない．（規則51条の2）

正解▶(3)

問6 (1) ×　危険物保安監督者を選任しなければならない施設は，法令で定められており，製造所等の区分，指定数量，危険物の種類等で指定されている．

(2) ×　甲種又は乙種危険物取扱者は，実務経験の有無にかかわらず，有資格者である．丙種は，危険物保安監督者の資格はない．

(3) ×　危険物保安監督者が，危険物施設における保安の責任者であり，危険物施設保安員は補佐役である．

(4) ×　危険物保安監督者は，甲種又は乙種危険物取扱者であり，6ヵ月以上の実務経験があれば有資格者となる．

(5) ○　正しい．（規則48条）

解　答

したがって，正解は (5) である．　**正解▶(5)**

問7　製造所等で定期点検を受けなくてもよいものは，設問のうち，屋内貯蔵所（指定数量の100倍以上）の場合である．

ただし，屋内貯蔵所は指定数量の150倍以上ある場合には定期点検を受けなければならない．（政令8条の5）**正解▶(2)**

問8　(3)　×　保安距離が必要な施設（製造所，屋内貯蔵所，屋外タンク貯蔵所，屋外貯蔵所，一般取扱所）は，保有空地も確保しなければならない．　**正解▶(3)**

保有空地は，消防活動及び延焼防止のために，製造所の周囲に確保する空地で，空地内には，どのような物品であっても置くことはできない．

空地の幅は，次表のとおりである．

区　分	空地の幅
指定数量の倍数が10以下の製造所	3m 以上
指定数量の倍数が10を超える製造所	5m 以上

保有空地を確保しなければならない製造所等は，次のとおりであるが，保有空地の幅は危険物施設の形態，規模により異なる．

保有空地が必要な施設	必要としない施設
製造所 屋内貯蔵所 屋外タンク貯蔵所 簡易タンク貯蔵所（屋外に設けるもの） 屋外貯蔵所 一般取扱所 移送取扱所（地上設置のもの）	屋内タンク貯蔵所 地下タンク貯蔵所 移動タンク貯蔵所 給油取扱所 販売取扱所

問9　(1)　設けることができる．
(2)　設けることができる．
(3)　設けることができる．
(4)　設けることができない．
(5)　設けることができる．

したがって，正解は (4) である．　**正解▶(4)**

問10　(2)　×　第2種消火設備は，スプリンクラー設備であり，水噴霧消火設備は第3種消火設備である．　**正解▶(2)**

問 11　(2)　×　製造所等においては，火災予防のため，「いかなる理由があっても火気を」ではなく「みだりに火気を」使用してはならない．（政令24条）

　　正解▶(2)

問 12　(1)　×　屋外貯蔵所に貯蔵できる危険物は，第2類の危険物のうち硫黄又は引火性固体（引火点が0度以上のもの），第4類の危険物のうち第1石油類（引火点が0度以上のもの），アルコール類，第2石油類，第3石油類，第4石油類及び動植物油類に限られる．（政令2条7号）

　(2)　○

　(3)　×　屋内貯蔵タンクは，原則として平家建てのタンク専用室に設置しなければならないこととなっている．（政令12条）

　また，ガソリンの引火点は，−40℃未満である．

　(4)　×　販売取扱所においては，運搬容器の基準に適合した容器に収納し，容器入りのままで販売しなければならない．

　(5)　×　屋内貯蔵所において，引火性固体と灯油は相互に1m以上の間隔を置く場合は，同時貯蔵することができる．

　　正解▶(2)

問 13　(4)　×　運搬容器は，収納口を上方に向けて積載することとされ，横方に向けて積載することは許されない．（政令29条「積載方法」4号）

　　正解▶(4)

問 14　(4)　アルキルアルミニウム（アルキルアルミニウム若しくはアルキルリチウム又はこれらのいずれかを含有するもの）を移送する場合は，移送の経路等を記載した書面を関係消防機関に送付するとともに，書面の写しを携帯し，書面に記載した内容に従わなければならない．（政令30条の2第5号，規則47条の3）

　　正解▶(4)

問 15　(1)　該当する．製造所等の技術上の基準に従わなかったときは，製造所等の使用停止命令の法令事由に該当する．（消防法11条の5第1項）

　(2)　該当する．危険物保安統括管理者を定めたが，実際にその者に危険物の保安に関する業務を統括管理させなかったときは，製造所等の使用停止命令の法令事由に該当する．（消防法12条の7第1項）

　(3)　該当する．危険物保安監督者を定めなかったとき又はその者に危険物の取

扱作業に関して保安の監督をさせていないときは，製造所等の使用停止命令の法令事由に該当する．（消防法 13 条 1 項）

(4) 該当しない．危険物保安監督者の選任の届け出をしなかったときは，法令違反である（消防法 13 条 2 項）が，製造所等の使用停止命令の法令事由ではない．（消防法 12 条の 2）

(5) 該当する．危険物保安統括管理者の解任命令に違反したときは，製造所等の使用停止命令の法令事由に該当する．（消防法 13 条の 24）

正解▶(4)

問 16 シャルルの法則より，この気体は標準状態（0°C，1 気圧）から，

$$(427 + 273) / (0 + 273) = 2.56 \text{ 倍}$$

膨張している．標準状態における 1mol の気体の体積は 22.4ℓ であるから，427°C における体積は，

$$22.4 \ell \times 2.56 = 57.4 \ell$$

分子量は，気体 1mol の質量に等しいから，

$$4.7 \times 57.4 ≒ 269.8$$

したがって，正解は (3) となる． **正解▶(3)**

問 17 (1) ○ タンク内の残存危険物の可燃性蒸気が他の危険物の積み込みなどで静電気の蓄積となって点火源となり火災の原因となる．

従前には，タンカーの油槽の清掃中に爆発事故が多発したが，現在は，その原因が一般に認識され，油槽内に廃ガスを注入し事故防止に役立っている．

(2) × 異なった可燃物の混合による放熱・発熱は生じない．
(3) × 可燃性蒸気に対する他の危険物の混合による発熱は生じない．
(4) × タンク内の鋼板と可燃物の摩擦熱による発熱は生じない．
(5) × 可燃性蒸気の接触による吸収熱は生じない．

正解▶(1)

問 18 同じ原子でできている単体でも，結合の仕方や結晶構造の違いで性質の異なるものがある．これらを互いに同素体という．

(1) 結晶の硫黄とゴム状硫黄は同素体である．
(2) 黒鉛とダイヤモンドとは同素体である．
(3) 水素と重水素とは同位体である．

陽子数が同じで中性子数の異なる原子を，互いに同位体という．

(4) 黄りんと赤りんは，同素体である．

(5) 酸素とオゾンは，同素体である．

したがって，正解は（3）である． **正解▶(3)**

問19 A ニクロム線に電流を流すと赤くなることは，物理変化である．

B ナフタリンが空気に触れて小さくなることは，物理変化である．

C 窒素が水素と化合してアンモニアを発生することは，化学変化である．

D 塩酸に水酸化ナトリウムの溶液を加えたら食塩ができることは，化学変化である．

E 重合によってポリマー（重合体）をつくることは，化学変化である．

正解▶(1)

問20 化学反応では，化学反応式の左辺から右辺へ進行する反応を正反応といい，右辺から左辺に進行する反応を逆反応という．この場合，正反応と逆反応が同時に進行する反応を可逆反応といい，記号⇄によって表示する．

ここで，化学反応式の平衡とは，正反応と逆反応の速さが等しく，見かけ上反応がどちらの方向にも進行していない状態をいう．

平衡移動に関するルシャトリエの法則は，化学平衡にある反応系の条件（温度，圧力，濃度）を変えると，加えられた条件を打ち消す方向に平衡が移動する．

(1) × 反応系の温度を下げる（熱を下げる）と発熱反応の方向（左側）反応が進行する．

(2) × Aの量を減らすと，Aの量を増やす方向（左側）に平衡が傾く．

(3) × (2)と同様にBの量を減らすと，Bの量を増やす方向（左側）に平衡が傾く．

(4) × 反応系の圧力を上げると，気体の分子数が減少する方向（左側）に平衡が傾く．

(5) ○ (2)と同様にDを生成系外に取り出すと，Dの量を増やす方向（右側）に平衡が傾く．したがって，生成物Cを最も効率よく得ることができる．

正解▶(5)

問21 地下に埋設された鋼製の配管等の腐食は，防食被覆等の劣化部分から鉄がイオン化して周囲の土壌に溶け出し，腐食が進む．金属はイオン化傾向の大き

解　答

いものほど酸化されやすい．　正解▶(4)

《主要なイオン化列》

「K（カリウム）>Ca（カルシウム）>Na（ナトリウム）>Mg（マグネシウム）>Al（アルミニウム）>Zn（亜鉛）>Fe（鉄）>Ni（ニッケル）>Co（コバルト）>Sn（すず）>Pb（鉛）>（H）（水素）>Cu（銅）>Hg（水銀）>Ag（銀）>Pt（白金）>Au（金）」

問 22　設問中，可燃物が燃焼しやすい条件として，イ）蒸気圧：大，ロ）酸素との化学的親和力：大，ハ）可燃物の粒子：小，の条件が最も適切である．

したがって，正解は (1) である．　正解▶(1)

問 23　「ガソリン，灯油は，炭化水素の混合物であり，極めて燃焼しやすい性質を持っている．有機化合物や炭化水素が完全燃焼すると（イ：水）と（ロ：二酸化炭素）ができるが，不完全燃焼すると（イ：水）と（ロ：二酸化炭素）の他に（ハ：一酸化炭素）も発生する．」

ガソリン，灯油，軽油，重油などは，いずれも炭化水素の混合物である．

正解▶(4)

問 24　正解▶(1)

消火器の区分		消火器の種類	消火剤の主成分
水を放射する消火器		水消火器	水
		酸・アルカリ消火器	炭酸水素ナトリウム・硫酸
強化液を放射する消火器		強化液消火器	炭酸カリウム
泡を放射する消火器		化学泡消火器	炭酸水素ナトリウム 硫酸アルミニウム
		機械泡消火器	合成界面活性剤泡又は水成膜泡
ハロゲン化物を放射する消火器		ハロン1211消火器	ブロモクロロジフルオロメタン
		ハロン1301消火器	ブロモトリフルオロメタン
		ハロン2402消火器	ジブロモテトラフルオロエタン
二酸化炭素を放射する消火器		二酸化炭素消火器	二酸化炭素
消火粉末を放射する消火器	りん酸塩類等を使用するもの	粉末（ABC）消火器	りん酸アンモニウム
	炭酸水素塩類等を使用するもの	粉末（K）（Ku）消火器	炭酸水素カリウム又は炭酸水素カリウムと尿素の反応生成物
	その他	粉末（Na）消火器	炭酸水素ナトリウム

問25 (1) シャルルの法則とは，気体の圧力が一定のとき，一定物質量の体積は絶対温度に比例する．

(2) ヘンリーの法則とは，気体では一定量の溶媒に溶ける気体の質量は圧力に比例する．

(3) 定比例の法則とは，ある一つの化合物を構成している元素の質量の比は常に一定である．

(4) 倍数比例の法則とは，2種類の元素が化合して2種以上の化合物を作るとき，一方の元素の一定量と化合する他方の元素の質量の比は簡単な整数の比となる．

(5) 気体反応の法則とは，気体間の反応において，温度や圧力が同じであると，反応にあずかる気体の体積の間には簡単な整数比が成立する．

正解▶(4)

問26 A × 第1類は酸化性の固体であって，自らは燃焼しない．第4類は，引火性の液体である．

B ○ 第3類と第5類は，固体又は液体である．

C × 第3類は，禁水性物質を含むものもあり，第5類は，一般に水に溶けないものが多い．

D × 第1類は，一般に酸化力が強く有機物を酸化させるが，第5類は可燃性の固体又は液体である．

E ○ 第4類と第6類は，液体である．

したがって，正解は (3) である． **正解▶(3)**

問27 (1) × 過塩素酸アンモニウムは，水に溶けるが潮解性の危険物ではない．

(2) ○ 過塩素酸ナトリウムは，潮解性の危険物である．

(3) ○ 塩素酸亜鉛は，潮解性の危険物である．

(4) ○ 塩素酸アルミニウムは，潮解性の危険物である．

(5) ○ 塩素酸リチウムは，潮解性の危険物である．

正解▶(1)

問28 一般に衝撃により爆発しやすい危険物は，第1類および第5類の危険物である．選択肢の中で (4) は第5類，その他はすべて第4類の危険物である．

解　答

正解▶(4)

問29　第1類危険物の火災は，酸化性物質の分解により酸素が供給されるので可燃物の燃焼が激しくなる．消火に当たっては，酸化性物質の分解を抑制することが第一で，そのため，一般には大量の水で冷却し，酸化性物質を分解温度以下に下げることにより可燃物の燃焼も抑えることができる．ただし，アルカリ金属の過酸化物には，水と反応して発熱するものがあるので，この場合は粉末消火器や乾燥砂を用いる．**正解▶(5)**

問30　A　×　水に溶けにくく，アルコールにも溶けない．

B　×　過塩素酸カリウムは，塩素酸カリウムより安定性があり，危険性が少ない．

CとDはそれぞれ正しく，したがって，正解は(1)である．**正解▶(1)**

問31　C　×　水によく溶けるが，潮解性もある．

D　×　硝酸カリウムより反応性が弱く，危険性も少ない．

E　×　「白色」ではなく「無色」の結晶である．

A及びBは，それぞれ正しく，したがって，正解は(2)である．**正解▶(2)**

問32　A　×　むしろ等で被覆の上に乾燥砂などで窒息消火する．

B　×　水分およびハロゲン元素との接触を避け，乾燥砂等を用いて窒息消火する．

CとDは，それぞれ正しい．したがって，正解は(1)である．**正解▶(1)**

問33　(1)　○　鉄粉は，希塩酸に溶けて水素を発生するが，水酸化ナトリウム水溶液にはほとんど溶けない．

(2)　×　鉄粉は，可燃物であって酸化剤ではない．

(3)　×　鉄粉は，燃焼すると酸化鉄となり黒色又は赤色の固体である．

(4)　×　鉄粉は，白い閃（せん）光を伴って燃焼し，「気体」ではなく「固体」の酸化鉄になる．

(5)　×　鉄粉は，微粉状のものは可燃性であって，発火する危険性がある．

正解▶(1)

問34　(4)　×　ハロン1301などのハロゲン化物等の不燃性ガス消火剤を用いると，激しく反応し，有毒ガスを発生するので危険である．

(1)，(2)，(3)および(5)は，それぞれ正しい記述である．

したがって，正解は（4）である． **正解▶(4)**

問 35 A × カリウムの特性は，水と作用して激しく反応し，発生した水素とカリウム自体も燃焼する．

D × 融点が低いので，融点以上に熱せられると燃焼する．

B，CおよびEは，それぞれ正しく，したがって，正解は（3）である．

正解▶(3)

問 36 A × 黄褐色ではなく，無色の流動性液体である．

B × 引火点は，常温より低い－50℃以下である．

したがって，正解は（4）である． **正解▶(4)**

問 37 （2） × 純品の二硫化炭素は，無臭の液体で水に溶けないが，エチルアルコール，ジエチルエーテルに溶ける．比重は，1.26と水より重い．揮発性があり，その蒸気は有毒である．

（1），（3），（4）および（5）は，それぞれ正しい．

したがって，正解は（2）である． **正解▶(2)**

問 38 D × 発火点は「約200℃」ではなく「約300℃」である．

E × 燃焼範囲は「14～76％」ではなく「1.4～7.6％」である．

A，B，Cのそれぞれは正しく，したがって，正解は（1）である．

正解▶(1)

問 39 （3） × 炭素数の少ないアルコールは水に溶けやすいが，炭素数が多くなるにつれて溶けにくくなる．

（1），（2），（4）および（5）は，それぞれ正しい． **正解▶(3)**

問 40 A，B，C，D及びEは，それぞれ正しく，正解は（1）である．

正解▶(1)

問 41 B × 加熱，摩擦，衝撃，光などにより分解し爆発するおそれがある．

C × 水，アルコールおよび植物油にわずかしか溶けないが，クロロホルム，ジエチルエーテル，ベンゼン等のほとんどの有機溶剤に溶ける．

AとDは，それぞれ正しく，したがって，正解は（4）である． **正解▶(4)**

問 42 （4） × 潮解性があるから容器の密栓，密封に特に注意する．

したがって，正解は（4）である． **正解▶(4)**

問 43 いずれもそれ自体は不燃性の液体であるが，他の物質を酸化させ，その

際発熱し，発火・爆発する．**正解▶(1)**

問 44 A × 硝酸は，水酸化カルシウム（消石灰）とは接触しても反応しないで中和させるので，漏れた硝酸の清掃に使用される．

B × 硝酸は，水と接触して発熱するが，硝酸も水も不燃性であるから燃焼しない．硝酸は，二硫化炭素や紙と接触すると発熱し燃焼する．

C及びDは，それぞれ正しく，したがって，正解は(1)である．**正解▶(1)**

問 45 (1) 最も有効である．第6類の危険物の消火には，二酸化炭素やハロゲン化物を用いた消火設備等と炭酸水素塩類が含まれた消火粉末は，不適当で使用を避けなければならないとされている．

その一方で，ハロゲン間化合物の消火には，水系の消火剤が適切でないことから，火災の周囲を乾燥砂で覆い，りん酸塩類等の粉末消火剤で消火するのが最も有効である．**正解▶(1)**

予想問題 5 の解答

問 1 (3) ×　重油は，第 2 石油類ではなく第 3 石油類に属する．重油は，原油の常圧蒸留によって得られ，褐色又は暗褐色の粘性のある液体で，比重 0.9～1.0 と一般の液体に比較し，比重は大きい．水には溶けない．通常は，ボイラーの燃料として用いられる．

　(1), (2), (4) および (5) は正しい．　**正解▶(3)**

問 2　指定数量以上の危険物の取扱・貯蔵は，許可又は承認が必要である．製造所等の設置には，設置する位置，構造及び設備を政令で定める技術上の基準に適合させ，市町村長等の許可を受けなければならない．これに対して，一時的な貯蔵又は取扱いである仮貯蔵又は仮使用に対しては，消防長又は消防署長の承認を受ければ良いとした．法令上，承認は，仮貯蔵と仮使用のみであるから，記憶しておくとよい．　**正解▶(4)**

問 3 (1) ×　製造所等の変更工事（位置，構造及び設備の変更増改築を含む）をするときは，あらかじめ，市町村長等へ変更許可を申請し，変更の許可を受けた後でなければ変更工事をすることができない．　**正解▶(1)**

問 4 (5) ×　製造所等の位置，構造，設備を変更しないで，貯蔵又は取扱う危険物の品名，数量又は指定数量の倍数を変更しようとする者は，変更しようとする日の 10 日前までに届け出なければならない．変更の許可を受ける必要はない．

　(1), (2), (3) および (4) は，それぞれ正しい．　**正解▶(5)**

問 5 (1) ×　危険物取扱者試験に合格した者は，その受験地の都道府県知事に免状の交付を請求し，免状の交付を受けることができる．（消防法 13 条の 2）

　(2) ×　危険物取扱いの業務に従事するか否かにかかわらず，氏名，本籍地等に変更があれば，免状の書換え理由となる．（政令 34 条）

　(3) ○　危険物取扱いの業務に従事していない者であって，変更事項がなくても，免状に貼付された写真は 10 年を経過したときには，写真の交換が義務づけられているので，10 年に 1 度は，免状の書換え義務がある．（政令 34 条）

　(4) ×　免状の返納命令があれば，直ちに免状は失効となり，免状そのものが存在しないことになる．それを復活する制度は存在しない．

解　答

(5)　×　免状の返納命令を受けた者は，再度受験して合格しても，その日から「2年間」ではなく「1年間」は免状の交付を受けることができない．

正解▶(3)

問6　危険物保安監督者となる資格を有する者は，甲種又は乙種危険物取扱者であり6ヵ月以上の実務経験（丙種は資格なし）を有する者である．（法13条，政令31条）．正解▶(3)

問7　(1)　○　規則62条の5の2により，正しい．

(2)　×　地下貯蔵タンクの漏れの点検は，地上からは漏れていることがわからないから，すべての施設が対象となる．

(3)　○　法14条の3の2により，正しい．

(4)　○　地下貯蔵タンクの部分のうち，二重殻タンクの内殻及び危険物の微少な漏れを検知し漏えいを防止する措置が講じられているものについては，漏れの点検は必要ない．（規則62条の5の2）

(5)　○　所有者等は，定期に点検し，その点検記録を作成し，一定の期間これを保存する義務があるが，届出の義務はない．（法14条の3の2）

したがって，正解は(2)である．正解▶(2)

問8　政令24条の出題である．

(4)　×　ためます又は油分離装置にたまった危険物は，あふれないように「1日1回以上」ではなく「随時」くみ上げること．（政令24条4の2号）

正解▶(4)

問9　(1)　×　車両の前後に標識を掲げる．

(2)　×　移動タンク貯蔵所には，製造所等の面積，危険物の倍数，性状等に関係なく，自動車用消火器のうち，粉末消火器（3.5kg以上のもの）又はその他の消火器を2個以上とされている．（規則35条）

(3)　×　移動貯蔵タンクの容量は，30,000ℓ 以下である．

(4)　○　政令15条1項により，正しい．

(5)　×　移動タンク貯蔵所の常置場所は，屋外の防火上安全な場所又は屋内の場合には，耐火構造若しくは不燃材料で造った建築物の1階である．（政令15条1項）

したがって，正解は(4)である．正解▶(4)

問 10 (1) ○ 規則17条により，正しい．
(2) ○ 規則17条により，正しい．
(3) ○ 規則17条により，正しい．
(4) × 標識や掲示板について大きさ，記載内容の他，色についても定められている．（規則17条，18条）
(5) ○ 規則18条により，正しい．
したがって，正解は (4) である． **正解▶(4)**

問 11 危険物の種類及び数量に関わらず，第5種の消火設備を設置するだけでよい製造所等は，地下タンク貯蔵所，簡易タンク貯蔵所，移動タンク貯蔵所の3つである．したがって，正解は (3) である． **正解▶(3)**

問 12 (1) × 第1種販売取扱所は，指定数量の15倍以下である．
(2) × 第2種販売取扱所は，指定数量の15倍を超え40倍以下である．
(3) × 給油取扱所の地下タンクは，貯蔵量，取扱量に制限がない．（政令第17条第1項）
(4) ○ 屋内貯蔵所は，貯蔵量，取扱量に制限がない．
(5) × 屋内タンク貯蔵所は，原則として指定数量の「50倍」ではなく「40倍」以下である．例外として，第4類の危険物のうち第4石油類と動植物油類以外の危険物は20,000リットル以下である．（政令12条1項4号） **正解▶(4)**

問 13 図のように第4類の危険物と第2類の危険物は運搬の際の混載が認められる．（規則46条1号別表） **正解▶(4)**

	第1類	第2類	第3類	第4類	第5類	第6類
第1類		×	×	×	×	○
第2類	×		×	○	○	×
第3類	×	×		○	×	×
第4類	×	○	○		○	×
第5類	×	○	×	○		×
第6類	○	×	×	×	×	

×印は，混載禁止を示す．
○印は，混載が認められる．
（川の字で覚える）

問 14 (5) × その危険物を取扱うことのできる危険物取扱者が乗車しなけれ

ば危険物の移送はできない．

(1), (2), (3) および (4) は，それぞれ正しく，正解は (5) である．

正解▶(5)

問15 (1) 該当する．危険物保安監督者を定めたが，その者に保安監督をさせていないときは，市町村長等から期間を定めて施設の使用停止命令を受けることがある．（法12条の7第1項）

(2) 該当する．完成検査又は仮使用の承認を受けないで製造所等を使用したときは，市町村長等から設置許可の取り消し，又は期間を定めて施設の使用停止命令を受けることがある．（法11条5項）

(3) 該当する．危険物保安監督者の解任命令に違反したときは，市長村長等から期間を定めて施設の使用停止命令を受けることがある．（法13条の24）

(4) 該当しない．危険物保安監督者を定めたが，市長村長等に選任の届出をしていないときは，とりあえず，危険物保安監督者を定めているために使用停止命令の発令事由に該当しない．（法13条1項）

(5) 該当する．危険物の貯蔵・取扱い基準の遵守命令に違反したときは，市長村長等から期間を定めて施設の使用停止命令を受けることがある．（法11条の5第1項，2項）

正解▶(4)

問16 比熱とは，物質1gの温度を1℃上昇させるために必要な熱量をいう．

$$比熱 = \frac{熱量}{物質量（終わりの温度-初めの温度）}$$

$$= \frac{265.2J}{5g \times (30℃ - 0℃)} = \frac{265.2}{5 \times 30} = 1.768 \fallingdotseq 1.8$$

正解▶(3)

問17 ア〜ウの変化と内部エネルギーの関係は，

ア ○ 体積を一定に保ったまま圧力を上げると，気体の温度は上昇する．したがって，内部エネルギーは増加する．

イ × 温度を一定に保って最初と同じ圧力になるまで膨張させる場合は，温度変化がないため内部エネルギーも変化しない．

ウ × 圧力を一定に保ったまま気体を収縮すると，温度は下降する．

したがって，内部エネルギーも減少する．
よって，正解は（1）である．　正解▶(1)

問18　分子式が同じでも分子内の構造が異なり，性質が異なる物質を異性体といい，異性体には，構造異性体，立体異性体などがある．
（1）　鉛（Pb）と亜鉛（Zn）とは関係ない．
（2）　メチルアルコールとエチルアルコールとはアルコール類で仲間である．
（3）　水素と重水素は同位体である．重水素は，水素の約2倍の質量を有する．
（4）　赤りんと黄りんは同素体である．
（5）　エチルアルコールとジメチルエーテルは異性体である．

```
    H H              H   H
    | |              |   |
  H-C-C-OH        H-C-O-C-H
    | |              |   |
    H H              H   H

   エチルアルコール   ジメチルエーテル
```

したがって，正解は（5）である．　正解▶(5)

問19　メチルアルコールの燃焼反応は次式のとおりである．
$CH_3OH + 3/2O_2 = CO_2 + 2H_2O + 726kJ$ ——①
二酸化炭素の生成反応
$C + O_2 = CO_2 + 394kJ$ ——②
水の生成反応
$H_2 + 1/2O_2 = H_2O + 286kJ$ ——③
メチルアルコールの生成反応
$1C + 2H_2 + 1/2O_2$
$= CH_3OH + x$ 〔kJ〕——④
$x = 1 \times ② + 2 \times ③ - ①$
$= 1 \times 394 + 2 \times 286 - 726$
$= 240$ 〔kJ〕

正解▶(1)

問20　化学反応速度は，単位時間あたりの物質の変化量で表される．

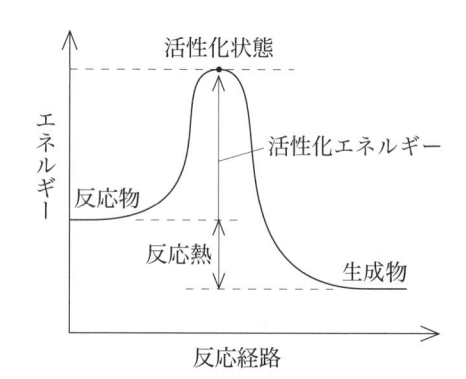

$$反応速度 = \frac{物質の物質量の変化量}{反応時間} = \frac{物質の濃度の変化量}{反応時間}$$

活性化エネルギーは，化学反応を進めるのに必要なエネルギーのことで，活性化エネルギーよりも大きなエネルギーが与えられないと，化学反応は進行しない．活性化エネルギーが小さいほど反応速度をはやめる（大きくする）ことができる．

正解 ▶ (3)

問 21 凝固点降下の大小は，溶質が電離しない場合には，その質量モル濃度の大小に比例する．

選択肢（1）〜（5）それぞれの分子量は，原子量 C = 12, H = 1, O = 16 より，

(1) トルエンの分子量は，$12 × 6 + 1 × 5 + 12 + 1 × 3 = 92$
(2) ベンゼンの分子量　　$12 × 6 + 1 × 6 = 78$
(3) ナフタリンの分子量　$12 × 10 + 1 × 8 = 128$
(4) フェノールの分子量　$12 × 6 + 1 × 5 + 16 + 1 = 94$
(5) 酢酸の分子量　　　　$12 + 1 × 3 + 12 + 16 + 16 + 1 = 60$

であるため，溶質を 50g 溶かしたときの質量モル濃度が最も大きいものが，凝固点降下が最も大きくなる．例えば，1kg の溶媒に溶かした場合を考えると，それぞれの質量モル濃度は次のようになる．

(1) トルエン　　$50÷92 ≒ 0.54$mol/kg
(2) ベンゼン　　$50÷78 ≒ 0.64$mol/kg
(3) ナフタリン　$50÷128 ≒ 0.39$mol/kg
(4) フェノール　$50÷94 ≒ 0.53$mol/kg
(5) 酢酸　　　　$50÷60 ≒ 0.83$mol/kg

したがって，(5) の酢酸が正解である．**正解 ▶ (5)**

問 22 有機化合物の特性として，炭素とともに水素を含んでおり，そのほかに酸素，窒素，硫黄等を含んでいる．この成分元素はその種類が少ないにもかかわらず，結合のしかたによっていろいろな構造の違った化合物になるため，有機化合物の種類は非常に多い（50 万種以上ある）．

さらに，融点や沸点は一般に低く，有機溶剤（第 4 類の危険物）にはよく溶けるものの，水には溶けにくいものが多く，またそのほとんどが可燃物であり，燃焼に際して CO_2 と H_2O を生成する．そのほか，無機化合物に比べると有機化合

物の反応は緩慢であり，加熱や触媒を必要とする．また，一般に電気の不良導体である． **正解▶(3)**

問23 燃焼の3条件とは，(2)の酸素供給源，点火源，可燃物であり，この一つでも欠ければ燃焼しない． **正解▶(2)**

問24 (1) ○ 引火点は，必ず発火点（着火点ともいう．）より，液温が低い．

(2) ○ 引火点が低い危険物ほど引火の危険は大きく，燃焼範囲の下限値が低いほど危険である．

(3) ○ 引火点より燃焼点（燃焼が継続できる液温をいう．）の方が＋10℃ぐらい高い温度となっている．

(4) ○ 引火点とは，可燃性液体が燃焼範囲の下限の濃度の蒸気を出すときの最低の液温をいう．

(5) × 引火点は液温であり，気温とは直接関係がない．

正解▶(5)

問25 消火に用いる泡には，

① 付着性を有すること

② 熱に対して強い膜を有し，かつ流動性をもつこと

③ 風などによって破れにくいような凝集性と安定性をもつこと

が要求される．

この消火方法は油火災などに広く用いられているが，泡を溶解するような液体（消泡性液体：アルコール，アセトンなど）の燃焼には普通の泡を用いても効果がない．これらの消泡性液体の消火には，特殊な耐アルコール泡（水溶性液体用泡消火薬剤）が有効である． **正解▶(5)**

問26 B × 第2類の危険物は，「還元剤」ではなく「酸化剤」との接触若しくは混合，炎，火花若しくは高温体との接近又は加熱を避けなければならない．(危政令第25条1項)

D × この肢は第6類危険物の共通基準の説明であり，第5類の危険物は自己反応性物質であり，炎，火花若しくは高温体との接近，加熱，衝撃又は摩擦を避けることとされている．

AとCは，それぞれ正しく，したがって，正解は(4)である． **正解▶(4)**

問27 設問の各危険物の沸点をあげると，

(1)　酸化プロピレン（35℃）

　　(2)　硫黄（445℃）

　　(3)　トルエン（111℃）

　　(4)　過酸化水素（151℃）

　　(5)　ベンゼン（80℃）

となり，正解は（1）である． **正解▶(1)**

問28　「潮解性のある危険物は，（A：木材），（B：紙）などにしみ込むので，それが乾燥した場合は爆発する危険性がある．」

　潮解性のある危険物は，水分を吸収し，溶け出し，木材，紙，繊維などの吸着性のものに付着し，それが乾燥すると発火・爆発の危険性がある． **正解▶(5)**

問29　(4) 最も適切でない．二酸化炭素消火器は，狭い室内や地下街での火災の際に使用すると，消火の効果よりも，その使用により人間を窒息死させるおそれがあるために消防法でその使用を禁止している． **正解▶(4)**

問30　(5) ×　アルカリ金属の無機過酸化物は，水と激しく発熱反応して分解し，酸素を発生する．

　したがって，その貯蔵の方法は，水分の侵入を防ぐため密栓し容器に貯蔵する．
正解▶(5)

問31　E　×　ジエチルエーテル，アセトンなどと接触すると「熱分解」ではなく「爆発的に発火」することがある． **正解▶(4)**

問32　A　×　第2類危険物は，無機の単体の元素又は「有機」ではなく「無機」の化合物が中心となっている．

　D　×　水と激しく反応し可燃性蒸気を発生するものはなく，引火性固体は，引火点以上になると可燃性蒸気を発生する．

　B，C及びEは，それぞれ正しく，したがって，正解は（3）である．
正解▶(3)

問33　(4) ×　赤りんは，「りん化水素」ではなく「五酸化りん」の白煙を発生する． **正解▶(4)**

問34　(1) ×　メチルアルコール又はエチルアルコールを凝固剤で固めたもので，アルコールと同様の臭気がする．

　　(2)　×　40℃未満で可燃性蒸気を発生するため引火しやすい．

(3) ○ 泡, 二酸化炭素, 粉末消火剤が消火に有効である.
(4) × (1) の記述と同様である.
(5) × 常温 (20℃) で可燃性蒸気を発生し, 引火危険を有する.
したがって, 正解は (3) である. 正解▶(3)

問35 原発「もんじゅ」のナトリウム漏れ事故で注目された. 原子炉の冷却材 (98℃で液化) として使用されたナトリウムは, 禁水性の物質であり, その保護液として石油系の灯油や流動パラフィンを一般的に使用する. 正解▶(3)
(水との反応式)

$$2Na + 2H_2O \rightarrow 2NaOH + H_2 + 369.2kJ$$

問36 A × りん化カルシウムは, アルコール, ジエチルエーテルに溶けない.
D × りん化カルシウムは, 赤褐色の結晶あるいは灰色の粒状粉末である.
E × りん化カルシウムは, アルカリに溶けない.
B及びCは, それぞれ正しく, したがって, 正解は (2) である. 正解▶(2)

問37 第4類の危険物は, 引火性の可燃物であるから, その消火は窒息消火が一般的である. しかし, 第4類の危険物の中には水溶性の可燃物があり, その火災に水や泡消火器を使用すると, かえって燃焼面の拡大を進めてしまうために, この場合には不適切となる.
したがって, 水溶性の火災時には, 耐アルコール性の特殊泡消火器を使用する.
(1) × メチルアルコール (水溶性)
(2) × さく酸 (水溶性)
(3) ○ 軽油 (非水溶性)
(4) × アセトアルデヒド (水溶性)
(5) × アセトン (水溶性)
正解▶(3)

問38 B × 発火点は灯油220℃, 軽油220℃及び重油約250℃とともに100℃より高い.
C × いずれも比重は1より小さい.
E × 灯油は無色又は淡紫黄色の液体であり, 軽油は淡黄色又は淡褐色の液体であり, また重油は褐色又は暗褐色の粘性の液体である.
AとDはそれぞれ正しく, したがって, 正解は (5) である. 正解▶(5)

解　答

問 39 （5）×　沸点は 20°Cと低く，油脂などをよく溶かし，揮発しやすい．
（1），（2），（3）および（4）は，それぞれ正しい．
したがって，正解は（5）である．　**正解▶(5)**

問 40 （1）×　いずれも可燃性の固体又は液体である．
（2）×　一般的には比重は 1 より大きい．
（3）○　酸，アミン類と接触すると発火するものもある．
（4）×　引火性のものもあり，燃えやすい物質である．
（5）×　常温（20°C）において水と反応し発火するものはない．
正解▶(3)

問 41　A　×　直射日光を受けたり，衝撃を受けたりすると分解し，発火する．
　　C　×　運搬容器での貯蔵は，あまり密封すると分解を促進することがあるので，ふたに通気性を持たせる必要がある．
BとDはそれぞれ正しく，したがって，正解は（2）である．　**正解▶(2)**

問 42 （4）×　大量注水による冷却消火が最もよい．
（1），（2），（3）および（5）は，それぞれ正しい記述である．
したがって，正解は（4）である．　**正解▶(4)**

問 43　一般には，水や泡消火剤を用いて消火する．また，二酸化炭素やハロゲン化物，炭酸水素塩類が含まれている消火は避けなければならない．
したがって，正解は（5）である．　**正解▶(5)**

問 44　過酸化水素は一般に物質を酸化して水となる．また，酸化力の強い過マンガン酸カリウムのような物質等と反応すると，還元剤として作用して酸素を発生する．　**正解▶(5)**

問 45 （2）×　五ふっ化臭素は無色の液体であるが，低温であっても固化することはない．三ふっ化臭素は低温で固化する．　**正解▶(2)**

予想問題 6 の解答

問1 品名の異なる危険物の指定数量の倍数計算は，

$$倍数 = \frac{\text{Aの貯蔵量}}{\text{Aの指定数量}} + \frac{\text{Bの貯蔵量}}{\text{Bの指定数量}}$$

の式から計算する．

$$求める倍数 = \frac{2,000}{200} + \frac{1,200}{400} + \frac{2,000}{400} + \frac{2,000}{1,000} + \frac{12,000}{6,000}$$
$$= 10 + 3 + 5 + 2 + 2 = 22$$

よって，正解は (3) の 22 倍である． **正解 ▶ (3)**

問2 予防規程は，防災上の見地から作成するもので，従業者等が遵守しなければならない自主保安に関する規程である．

自衛消防組織は，大規模な危険物施設を有する事業所においては，火災等の事故が発生した場合，その被害を最小限とするため，その規模に応じて組織することが義務づけられている．

危険物施設保安員は，危険物保安監督者の下で，製造所等の保安業務の補佐を行う者で，選任は一定の規模の製造所等に限られている．

法令上は，危険物保安監督者の選任，予防規程の作成および定期点検の実施をすべての給油取扱所に義務づけている．

したがって，正解は (3) である． **正解 ▶ (3)**

問3 (1) ○　製造所等を設置しようとする者は，市町村長等に申請し，許可を受けなければならない．（法11条1項）

(2) ○　第4類の危険物（液体）を貯蔵し又は取扱うタンク（製造所又は一般取扱所は指定数量以上）を設置又は変更する場合は，完成検査を受ける前に完成検査前検査を受けなければならない．（政令8条の2）

(3) ×　屋内貯蔵所は，タンクではないので完成検査前検査の対象とならない．

(4) ○　製造所等を設置したとき又は変更し工事が完成したときは，完成検査を受けなければならない．（法11条5項）

解　答

(5)　○　製造所等を変更する場合には，当該変更工事に係る以外の部分について承認を受けたときは，完成検査前においても仮使用することができるが，設置する場合には仮使用はできない．

したがって，正解は(3)である．　**正解▶(3)**

問4　(5)　○　変更しようとする日の10日前までに，その旨を市町村長等に届け出なければならない．（法11条の4「危険物の種類数量の変更の届出」1項）
　正解▶(5)

問5　(1)　×　6ヵ月以上の危険物取扱いの実務経験が必要．
(2)　×　乙種危険物取扱者免状を有する者は，指定された類のみの取扱い，立会いができる．
(3)　×　丙種危険物取扱者は，定期点検の立会いは行うことができない．
(4)　○　危険物が指定数量未満であれば，危険物取扱者の免状の有無にかかわらず取扱うことができる．
(5)　×　危険物保安監督者は，甲種又は乙種の危険物取扱者に資格があるが，丙種危険物取扱者には資格がない．
　正解▶(4)

問6　(1)　×　危険物保安監督者以外の危険物取扱者も，製造所等において危険物の取扱いに従事していれば，保安講習を受講しなければならない．（法13条の23）
(2)　×　危険物保安統括管理者以外でも，製造所等において危険物の取扱作業に従事している危険物取扱者は，保安講習を受講しなければならない．
(3)　×　自動車運転免許と異なり，書換えと保安講習とは関連しない．
(4)　×　危険物施設保安員の選任には資格の指定はなく，危険物取扱者以外の者が選任されたときには，受講義務はない．
(5)　○　法13条の23により，正しい．
　正解▶(5)

問7　(1)　×　タンク室に亀裂又は損傷等があるかの水張調査は，設置許可による工事完成後の完成検査又は保安検査の実施項目である．
　定期点検の実施項目は，法10条4項の技術上の基準に適合しているかどうかについて行われる．（政令62条の4第2項）　**正解▶(1)**

問8 (4) ✕ 屋内貯蔵タンクの容積は，指定数量の40倍以下とされているほか，第4類の危険物の貯蔵のうち，第4石油類及び動植物油類以外の危険物については，最大容量を20,000ℓまでとされている．さらに，同一内のタンク専用室内に屋内貯蔵タンクが2以上ある場合の総計も同様に考える．（政令12条1項4号）**正解▶(4)**

問9 (1) ○ 政令17条により，正しい．
(2) ○ 政令17条により，正しい．
(3) ✕ 規定はない．
(4) ○ 政令17条により，正しい．
(5) ○ 政令17条により，正しい．
したがって，正解は(3)である．**正解▶(3)**

問10 (3) ✕ 第3類（禁水性物品）の製造所等に掲げる注意事項を表示した掲示板は，「注水厳禁」ではなく「禁水」である．（規則18条1項）

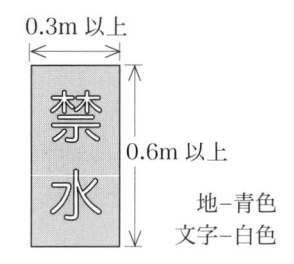

```
    0.3m 以上
   ┌────────┐
   │  禁    │
   │        │ 0.6m 以上
   │  水    │
   └────────┘
          地−青色
          文字−白色
```

正解▶(3)

問11 (1) 1所要単位あたりの数値，延べ面積150m^2 → 100m^2 が正しい．
(2) 1所要単位あたりの数値，延べ面積75m^2 → 50m^2 が正しい．
(3) 1所要単位あたりの数値，延べ面積100m^2 → 150m^2 が正しい．
(4) 1所要単位あたりの数値，延べ面積50m^2 → 75m^2 が正しい．
(5) ○ 危険物は，指定数量の10倍を1所要単位とする．

ここで，所要単位とは，製造所等に対して，どのくらいの消火能力を有する消火設備が必要なのかを定める単位であり，建築物等の構造，規模又は危険物の量により計算する．

したがって，(1)，(2)，(3)および(4)は，それぞれ誤っており，正解は(5)である．**正解▶(5)**

解　答

問 12　製造所等で貯蔵量・取扱量に制限のないものには，屋内貯蔵所，屋外貯蔵所，屋外タンク貯蔵所，地下タンク貯蔵所，移送取扱所及び一般取扱所がある．
　したがって，設問の場合は，正解は（2）である．　**正解▶(2)**

問 13　(3)　×　指定数量以上の危険物を車両で運搬する場合には，移動タンク貯蔵所の移送と異なって危険物取扱者が同乗することを義務づけていない．

正解▶(3)

　ただし，危険物を車両に積み上げたり，積み降ろしたりする際には，危険物取扱者自身が行うか，危険物取扱者の立会いが必要となる．

問 14　(1)　○　車両の前後に，0.3 m平方以上0.4 m平方以下の「危」の標識を掲示すること．（規則17条2項）

指定数量のいかんにかかわらず，車両の前後の見やすい位置に次の標識を掲げる．

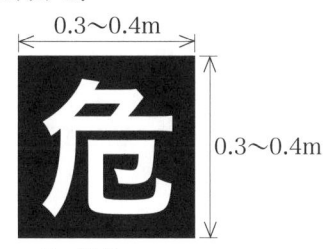

0.3～0.4m
0.3～0.4m
地−黒色
文字−黄色の反射塗料等

(2)　×　丙種危険物取扱者は，第1石油類のうちガソリン以外は単独で移送および取扱うことができない．

(3)　×　定期点検記録，完成検査済証等は，そのコピーではなく，現物を備え付けておかなければならない．（規則40条2の2）

(4)　×　泡消火器の備え付けは，アセトンが水溶性であり水やアルコールにも溶けるので，普通の泡消火器を火災時に使用すると燃焼面を拡大し，かえって危険であり，耐アルコール性の泡消火器又は他の粉末消火器等を備え付けなければならない．

(5)　×　移動タンク貯蔵所から他のタンクに危険物を注入するときには，その危険物の引火点が40℃未満の場合は，原動機を停止させなければならない．

アセトンの引火点は，－20℃であるから注入の際には原動機を停止させなければならない．

正解▶(1)

問15 (1) 該当する．法11条の5の規定違反である．

(2) 該当する．無許可変更として違反する．（法11条1項）

(3) 該当する．法14条の3の2の規定違反である．

(4) 該当しない．定期点検の結果の報告・届出義務はない．

(5) 該当する．検査前使用として違反する．（法11条5項）

したがって，正解は（4）である．**正解▶(4)**

問16 比熱とは，物質1gの温度を1℃上昇させるために必要な熱量をいう．

熱容量は，物体の温度を1℃上昇させるために必要な熱量をいう．

したがって，比熱，熱容量と質量の関係は，

熱容量（C）＝比熱（c）×物体の質量（m）＝cm

となり，正解は（1）である．**正解▶(1)**

問17 (1) 水素は，地球上に現存する物質で最も軽量で，大気中に放出されても空気と混合する．環境面でも燃料電池等で注目されている物質で，安全面でも自然発火点が570℃とガソリンよりも高い．

(2) 蒸気比重 3～4

(3) 蒸気比重 2.77

(4) 蒸気比重 1.11

(5) 蒸気比重 4.5

したがって，正解は（1）である．**正解▶(1)**

問18 (1) × 静電気が蓄積しても，可燃性液体は電気分解しない．

(2) × 可燃性液体に静電気が蓄積しても，発熱しない．

(3) ○ 可燃性液体に静電気が蓄積すると，放電火花を発生する．

(4) × 静電気により引火した火災でも，電気火災とは関連しない．

(5) × 静電気の帯電防止策として，導電性を良くして接地する．

したがって，正解は（3）である．**正解▶(3)**

問19 気体反応では，各気体の係数の比が体積比を表し，気体1molは22.4ℓの体積を占める．問題の物質の反応式は次のとおりである．

解　答

(1)　$CH_3OH + 3/2O_2 → CO_2 + 2H_2O$……1.5mol の酸素が必要
　　　(1mol)　　(1.5mol)

(2)　$C_2H_5OH + 3O_2 → 2CO_2 + 3H_2O$……3mol

(3)　$CH_3COOH + 2O_2 → 2CO_2 + 2H_2O$……2mol

(4)　$C_6H_6 + 15/2O_2 → 6CO_2 + 3H_2O$……7.5mol

(5)　$CH_3COCH_3 + 4O_2 → 3CO_2 + 3H_2O$……4mol

完全燃焼に必要な酸素量の最も少ないものは，(1)のメチルアルコールの1.5molである．　正解▶(1)

問 20 (1)　○　溶解熱とは物質1モルを多量の溶媒中に溶かすときに発生又は吸収する反応熱をいう．

　　［例］NaOH（固）＋ aq ＝ NaOHaq ＋ 44.5kJ

　　（aq）について：多量の水に溶けている状態の記号（以下同じ）

(2)　○　生成熱とは化合物1モルが成分元素の単体から生成するときに発生又は吸収する熱量をいう．

　　［例］C ＋（固）＋ 2H₂（気）＝ CH₄（気）＋ 75kJ

(3)　○　分解熱とは生成熱とは逆に分解するときに生ずる熱量である．

(4)　×　中和熱とは酸と塩基の中和で1モルの水が生成するときの反応熱である．

　　［例］HClaq ＋ NaOHaq ＝ NaClaq ＋ H₂O ＋ 56kJ

(5)　○　燃焼熱とは物質1モルが完全に燃焼するときに発生する熱量をいう．

　　［例］H₂（気）＋ 1/2O₂（気）＝ H₂O（水）＋ 286kJ

　正解▶(4)

問 21　腐食は，金属と周囲の土壌との境界面において，化学的・電気化学的作用によって起こる現象である．

正常なコンクリート中はpH12以上の強アルカリ性環境が保たれており，鉄筋等は安定した不動態膜（薄い酸化物皮膜）で覆われている状態となり腐食が進行しない．　正解▶(3)

腐食の影響を受けやすい場所の例
① 酸素が溶けている水分が存在する場所
② 酸性の強い土中などの場所
③ 乾燥した土と湿った土など違う土質の場所
④ コンクリートと土壌を貫通している場所
⑤ コンクリート内で，中性化が進んだ場所
⑥ 限度以上の塩分が存在する場所
⑦ 異種金属が接触（接続）する場所
⑧ 直流電気鉄道の近くの場所

問22 燃焼の3要件は，可燃性物質の存在，酸素供給源の存在及び点火源の存在のすべてを満たすことが必要である．二酸化炭素は，可燃性物質ではないために他の要件が具備しても燃焼しない． **正解▶(4)**

問23 自然発火とは，他から火源を与えずに物質が空気中において自然に（A：発熱）し，その熱が長時間（B：蓄積）されて（C：発火点）に達し，ついに（D：燃焼）に至る現象である． **正解▶(2)**

問24 (1) × 蒸発熱，比熱が「小さい」ではなく「大きい」である．
 正解▶(1)

　注水すると水はまず100℃の水となり，このときの水の比熱の大きさで燃焼しているものから多量の熱を奪う．さらに100℃の水が水蒸気になるとき燃焼物や周りの空気から多量の熱（蒸発熱）を奪う．水は比熱と蒸発熱が大きいので冷却効果による消火力を発揮する．

問25 グラインダーで鉄鋼材料を研磨すると摩擦熱により発光して火花を発生する．金属材料により火花の発生量，火花の色が異なる．一般に，炭素の含有量の多い鋳鉄は，火花の発生量も多く，火花の「花」が鮮明であり研磨すると「鋳鉄」であることが簡単に判明し，現場では材質を検査する「火花試験」として利用されている． **正解▶(2)**

問26 A × 第2類の危険物は，可燃性の固体であり，第4類の危険物は「可燃性」ではなく「引火性」の液体である．

　C × 第3類の危険物は自然発火性物質および禁水性物質の固体又は液体である．

　BとDは，それぞれ正しく，したがって，正解は(2)である． **正解▶(2)**

解　答

問27　(1) 過酸化カリウム（潮解性を有する）
(2) 塩素酸ナトリウム（潮解性を有する）
(3) 臭素酸亜鉛（潮解性を有する）
(4) 過マンガン酸カリウム（水に溶けるが，潮解性は有しない）
(5) 過マンガン酸ナトリウム（潮解性を有する）
正解▶(4)

問28　(2) アルキルアルミニウムは，常に窒素などの不活性ガスの中に貯蔵し，空気又は水とは絶対に接触させない．（規則40条の3の2「アルキルアルミニウム等の貯蔵所における貯蔵の基準」）正解▶(2)

問29　(1) ×　K_2O_2（過酸化カリウム）は，消火の方法として，注水（強化液消火器を含む）を避け，乾燥砂などをかける．
(2) ○　Al粉末などの消火は，むしろ等で被覆した上に乾燥砂などで窒息消火するか，金属火災用粉末消火剤を用いるのが効果的である．
(3) ○　NH_4ClO_4（過塩素酸アンモニウム）は，注水により消火するのが最もよい．
(4) ○　CH_3OH（メチルアルコール）は，粉末消火器による窒息消火がよい．
(5) ○　$C_6H_2(NO_2)_3CH_3$（トリニトロトルエン）は，酸素を含有しているので，いったん火がつくと消火がむずかしいので，多量の注水により消火する．
正解▶(1)

問30　(1) ○　過酸化カリウムは，水と作用し熱と酸素を発生し，水酸化カリウムを生ずる．
(2) ○　過酸化ナトリウムは，水と作用し熱と酸素を発生し，水酸化ナトリウムを生ずる．
(3) ×　過酸化カルシウムは，希酸類に溶けて酸化性液体である過酸化水素を発生する．
(4) ○　過酸化マグネシウムは，酸類に溶けて酸化性液体である過酸化水素を発生する．
(5) ○　過酸化バリウムは，酸及び熱湯に溶けて酸化性液体である過酸化水素と酸素を発生する．
正解▶(3)

問 31 (4) × 過酸化バリウムは，アルカリ土類金属の無機過酸化物である．したがって，正解は（4）である． 正解▶(4)

問 32 E × 過マンガン酸ナトリウムは，「白色の粉末」ではなく「赤紫色の粉末」である．

A，B，C及びDはそれぞれ正しく，したがって，正解は（4）である．
正解▶(4)

問 33 B × 第2類の危険物は，強い還元性を有する酸化されやすい可燃性の固体である．

C × 第2類の危険物は，アルミニウム粉，マグネシウム粉などのように空気中の水分を吸湿すると発熱し自然発火するものもある．

AとDは，それぞれ正しく，したがって，正解は（4）である． 正解▶(4)

問 34 A × 電気の「良導体」ではなく「不良導体」であるから，摩擦から静電気が発生したものが帯電し，点火源の役割を果たすので危険である．

C × 硫黄粉も酸化剤との接触がなければ，単に，加熱，衝撃により爆発することはない．

B，D及びEは，それぞれ正しく，したがって，正解は（3）である．
正解▶(3)

問 35 (2) × 水酸化ナトリウム(カセイソーダ溶液)に溶けて水素を発生する．

(1)，(3)，(4) および（5）は，正しい記述である．

したがって，正解は（2）である． 正解▶(2)

問 36 (5) × ともに水と接触すると自然発火するので，不燃性ではない．
正解▶(5)

	比重	融点	沸点
カリウム	0.86	64°C	774°C
ナトリウム	0.97	98°C	882°C

問 37 「炭化カルシウムは，水と作用して（A：アセチレンガス）と熱を発生し（B：水酸化カルシウム）を生ずる．この際の化学式の反応は（C：発熱反応）となる．」

$$CaC_2 + 2H_2O \rightarrow Ca(OH)_2 + C_2H_2 + 130.3 〔kJ〕$$

　　(カーバイト)　　　　　　　　(消石灰)　　(アセチレン)　　(発熱反応)

解　答　　　185

正解▶(2)

問38 （4）×　テレビン油は，特有の臭いのある無色の液体で，酸化されやすく，空気中に放置すると樹脂状になる．水には溶けない．テレビン油の指定数量は，非水溶性であるから1,000ℓである．　**正解▶(4)**

問39　A　×　水によく溶け，アルコール，ジエチルエーテルにも溶ける．
　　　E　×　熱又は光で分解するとメタンと一酸化炭素となる．
　　　B，C及びDは，それぞれ正しく，したがって，正解は（3）である．

正解▶(3)

問40　（5）×　第5類の危険物は，可燃物と酸素供給源とが共存している物質であり，周りの空気を遮断するような窒息消火は効果がない．また，爆発的で，きわめて燃焼速度が速いので，大量の水により冷却するか，または初期段階で泡消火による消火も可能であるが，ハロゲン化物消火はほとんど効果がない．
　　　(1)，(2)，(3)および(4)は，それぞれ正しい記述である．
　　　したがって，正解は（5）である．　**正解▶(5)**

問41　（4）○　アゾ化合物は，一般式〔R−N＝N−R〕で表される化合物の総称である．

正解▶(4)

問42　（3）×　硝酸メチルは，水にはほとんど溶けないが，アルコール，ジエチルエーテルに溶ける．比重1.22，蒸気比重2.65，引火点15℃，沸点66℃，芳香のある無色透明の液体．　**正解▶(3)**

問43　B　×　第6類の危険物の性質は，それ自体不燃性物質であるから，燃焼の3要件である点火源，酸素供給源があっても，可燃物がないので燃焼しない．
　　　C　×　第6類の危険物の性質は，金属と接触すると発熱するがそれ自体不燃性物質であるから，燃焼の3要件である点火源，酸素供給源があっても，可燃物がないので燃焼しない．
　　　AとDは正しく，したがって，正解は（4）である．　**正解▶(4)**

問44　（2）×　過酸化水素は，他の第6類の危険物と同様に不燃性の液体である．　**正解▶(2)**

問45　（4）×　鉄，ニッケル，クロム，アルミニウム等は，希硝酸には激しく侵されるが，濃硫酸にはこれらの金属のほか金，白金も不動態をつくり侵されな

い．(1), (2), (3) および (5) は正しい記述である．
したがって，正解は (4) である． 正解▶(4)

解　答

予想問題 7 の解答

問1　(5)　×　自己反応性物質は第5類の性質であるが，ハロゲン間化合物は第6類の品名である．　正解▶(5)

問2　(5)　○　製造所，貯蔵所又は取扱所の所有者，管理者又は占有者は，当該製造所，貯蔵所又は取扱所について，危険物の流出その他の事故が発生したときは，直ちに，引き続く危険物の流出及び拡散の防止，流出した危険物の除去その他災害の発生の防止のための応急の措置を講じなければならない．（法16条の3第1項）　正解▶(5)

問3　(5)　×　移動タンク貯蔵所は，車両に固定されたタンクにおいて危険物を貯蔵し又は取扱う施設である．　正解▶(5)

問4　(1)　×　製造所等の位置，構造又は設備を変更する場合において，当該製造所等のうち変更の工事に係る部分以外の部分の全部又は一部について市町村長等の承認を受けたときは，完成検査を受ける前においても，仮に，当該承認を受けた部分を使用することができる．（法11条5項）　正解▶(1)

問5　(4)　○　製造所，貯蔵所又は取扱所の所有者，管理者又は（A：占有者）は，当該製造所，貯蔵所又は取扱所の用途を廃止したときは，（B：遅滞なく）その旨を（C：市町村長等）に届け出なければならない．（法12条の6）　正解▶(4)

問6　(1)　×　丙種危険物取扱者は，問題の選択肢の他に，第四石油類と動植物油類を取扱うことができる．

　　　(3)　×　丙種危険物取扱者には，立会いは認められない．

　　　(4)　×　危険物取扱者以外の者は，甲種危険物取扱者又は当該危険物を取扱うことのできる乙種危険物取扱者の立会いがなければ，危険物を取扱うことができない．丙種危険物取扱者の立会いは認められない．

　　　(5)　×　危険物保安監督者であっても，乙種危険物取扱者は，取得済みの類の危険物だけしか取扱うことができない．

　　　正解は(2)である．　正解▶(2)

問7　(5)　○　免状の書換えは，当該免状を交付した都道府県知事又は居住地若しくは勤務地を管轄する都道府県知事に申請しなければならない．（政令34条）

正解▶(5)

問8 (3) ○ 危険物施設保安員を決め，その製造所等の構造及び設備に係る保安のための業務を行わせなければならない施設は，指定数量が100以上の製造所および一般取扱所，さらにすべての移送取扱所である．正解▶(3)

問9 (3) × 予防規程を定めなければならない製造所等として，製造所，屋内貯蔵所，屋外タンク貯蔵所，屋外貯蔵所，給油取扱所，移送取扱所および一般取扱所が指定されている．予防規程を定めなくてもよい製造所等として，屋内タンク貯蔵所，地下タンク貯蔵所，移動タンク貯蔵所，簡易タンク貯蔵所および販売取扱所を覚えてもよい．正解▶(3)

問10 (2) × 危険物施設保安員の定期点検の立会いは認められていない．危険物取扱者以外の者が定期点検を行う場合は，危険物取扱者の立会いが必要である．正解▶(2)

問11 (4) 保有空地を必要としない施設としては，屋内タンク貯蔵所，地下タンク貯蔵所，移動タンク貯蔵所，給油取扱所，販売取扱所および移送取扱所（地上設置以外のもの）がある．正解▶(4)

問12 (3) × 第一種販売取扱所の用に供する部分の窓及び出入口には，防火設備を設け，ガラスを用いる場合は網入りガラスとすることとされている．したがって，窓は設置してもよい．（政令18条1項）正解▶(3)

問13 (2) ○ 警報設備は指定数量の倍数が10以上の製造所等に，また，避難設備（誘導灯）は特定の給油取扱所に，それぞれ設置が義務づけられている．正解▶(2)

問14 (5) × 危険物を貯蔵し又は取扱う場合には，危険物の変質，異物の混入等により危険物の危険性が増大しないように必要な措置を講じなければならない．（政令24条）正解▶(5)

問15 (3) ○ 運搬容器の外部には，次の内容を表示することが決められている．（危険物の規制に関する規則44条）
・危険物の品名，危険等級及び化学名
・危険物の数量
・収納する危険物に応じた注意事項

正解▶(3)

解　答　　　　　　　　　　　　　　　　　　　　　　　　　　　　　　　　　189

問 16　(1)　○　物質1モルの質量は，原子量（分子量）にgを付けた量であるから，各選択肢の物質1モルの質量は，次のとおりである．

(1)　H_2O：$1×2 + 16 = 18g$
(2)　C_6H_6：$12×6 + 1×6 = 78g$
(3)　NH_3：$14 + 1×3 = 17g$
(4)　C_2H_5OH：$12×2 + 1×5 + 16 + 1 = 46g$
(5)　$C_2H_5OC_2H_5$：$12×2 + 1×5 + 16 + 12×2 + 5 = 74g$

1モルあたりの蒸発熱は，それぞれ上の質量に1gあたりの沸点における蒸発熱を掛けて求める．

(1)　$18g×2257J/g = 40626J$
(2)　$78g×394J/g = 30732J$
(3)　$17g×1362J/g = 23154J$
(4)　$46g×859J/g = 39514J$
(5)　$74g×352J/g = 26048J$

正解▶(1)

問 17　(5)　○　第4類危険物の石油類には，流動や動揺によって静電気が発生しやすい性質があり，送油作業においては，流速の大きいほど，また流れが乱れると静電気が発生しやすくなる．　正解▶(5)

問 18　(5)　×　水は酸素と水素の化合物である．　正解▶(5)

問 19　(5)　○　ベンゼンの完全燃焼は，次の化学反応式となる．

$$C_6H_6 + \frac{15}{2}O_2 = 6CO_2 + 3H_2O$$

　　78g　　　240g　　　264g　　54g
　　1mol　　15/2mol　　6mol　　3mol

問題に与えられたベンゼン39g（0.5mol）と反応する酸素量は，1モルの気体の体積が22.4ℓであるから，次の式で表される．

$$0.5 \times \frac{15}{2} \times 22.4 = 84\,\ell$$

空気中の酸素濃度が20%であるから，必要な空気量は，次のとおりである．

$$84 \times 5 = 420\,\ell$$

正解▶(5)

問 20 （4） ×　水素 2 モルと酸素 1 モルの反応による発熱量が 486kJ であるから，水素 1 モルあたりの発熱量は次式となる．

$$486 \times \frac{1}{2} = 243\,\text{kJ}$$

正解 ▶ (4)

問 21 （4） ○　濃度とは，溶液に含まれる溶質の割合をいう．

$CuSO_4 \cdot 5H_2O$ の式量 $= 160 + 5 \times 18.0 = 250\,g$

であるから，0.1mol の $CuSO_4 \cdot 5H_2O$ の質量は，

$0.1 \times 250\,g = 25\,g$

この $CuSO_4 \cdot 5H_2O$ の 25g を純水に溶かしながら 1ℓ にすると目的の濃度の水溶液を得ることができる．**正解 ▶ (4)**

問 22 （5） ×　有機化合物の多くは，完全燃焼すると，二酸化炭素（CO_2）と水（H_2O）を生じる．**正解 ▶ (5)**

問 23 （5） ×　選択肢の内容は，予混合燃焼ではなく，非予混合燃焼（拡散燃焼）である．予混合燃焼は，ガスバーナーのように，可燃性ガスと空気・酸素が，燃焼に先立ってあらかじめ混ざり合って燃焼することをいう．**正解 ▶ (5)**

問 24 （1） ×　蒸気比重は，0℃ 1 気圧の空気 1ℓ の質量と，同じ条件の物質の蒸気の質量の比である．

（2） ×　この液体 2ℓ の質量は，次式のとおりである．

$2\,〔ℓ〕 \times 1000\,〔cm^3/ℓ〕 \times 0.79\,〔g/cm^3〕 = 1580\,〔g〕$

（3） ×　発火点とは，火炎あるいは火花などを近づけなくても発火し燃焼を開始する最低温度をいう．炎を近づけて燃えはじめるのは，引火点で発火点より低い．

（5） ×　引火する最低温度は，引火点の − 20℃ である．

正解 ▶ (4)

問 25 （3） ×　化学泡消火剤には，炭酸水素ナトリウムと硫酸アルミニウムを使用する．いずれも通常は粉末であるが，使用するときに反応して二酸化炭素を含んだ多量の泡を発生放射する．**正解 ▶ (3)**

問 26 （5） ×　第 4 類の危険物，第 6 類の危険物は，すべて液体である．

正解 ▶ (5)

解　答　　　　　　　　　　　　　　　　　　　　　　　　　　　　　　　　　*191*

問 27　(5)　○　ニトロセルロースは自然分解しやすいので，エチルアルコール等の保護液中に入れて，露出しないように冷所に貯蔵する．　**正解▶(5)**

問 28　(1)　×　第1類危険物のうち，アルカリ金属の過酸化物は，水と激しく反応して分解し，多量の酸素を発生するので，注水による消火を避け，乾燥砂などを用いる．　**正解▶(1)**

問 29　(2)　×　過酸化ナトリウムは，アルカリ金属の無機過酸化物であり，水と激しく反応して分解するので，注水消火は厳禁であるが，他の危険物の消火には，大量の水による冷却消火が適している．　**正解▶(2)**

問 30　(5)　×　塩素酸カリウムの貯蔵容器は，密栓し，換気のよい冷所に保管する．　**正解▶(5)**

問 31　(5)　×　よう素酸ナトリウムの消火は，注水消火が最も適している．　**正解▶(5)**

問 32　(5)　×　五硫化りんの沸点は514℃である．　**正解▶(5)**

問 33　(4)　×　硫黄は水に溶けないので，硫黄が燃焼したときの消火剤として水が使用される．二硫化炭素には溶ける．　**正解▶(4)**

問 34　(3)　×　アルミニウム粉は，酸と反応して水素を発生する．　**正解▶(3)**

問 35　(3)　×　炭化カルシウムが水分と作用して発生するアセチレンガスは，銅，銀，水銀等と化合して爆発性化合物を生成するので，これらの金属の容器は使用できない．　**正解▶(3)**

問 36　(3)　×　アルキルアルミニウムの空気または水との反応性は，一般に炭素数およびハロゲン数の多いものほど小さい．　**正解▶(3)**

問 37　(2)　×　第4類の危険物の蒸気比重は1より大きく空気より重いため，その蒸気は低所に滞留し流れる．　**正解▶(2)**

問 38　(2)　○　アルコール，アセトンなど水溶性危険物の消火には一般の泡消火剤は不適当であり，この場合，耐アルコール泡（水溶性液体用泡消火剤）の使用が有効である．　**正解▶(2)**

問 39　(3)　×　炭素原子数の少ないアルコールは水に溶けやすいが，炭素原子数が多くなるほど水に溶けにくくなる．　**正解▶(3)**

問 40　(1)　×　アニリンは，無色または淡黄色で特異臭を有する液体である．　**正解▶(1)**

問 41 (5) ×　動植物油類は，動物，植物から抽出した1気圧において引火点が250℃未満の油類をいう． 正解▶(5)

問 42 (3) ×　コロジオンは，ニトロセルロースの弱硝化綿（含有窒素量12.8％未満）をエーテルとアルコールへ溶かしたもので，ラッカー等の原料である． 正解▶(3)

問 43 (4) ×　乾燥したものは爆発危険性が増大するので，乾燥した状態では取り扱わない． 正解▶(4)

問 44 (5) ○　この類の消火は，一般には水や泡消火剤を用いた消火が適切であり，二酸化炭素やハロゲン化物を用いた消火設備と，炭酸水素塩類が含まれる消火粉末は不適当である．ただし，ハロゲン間化合物に水系の消火剤が不適切であるので，第6類の危険物のすべてに効果のある消火方法としては，乾燥砂の使用を選択する． 正解▶(5)

問 45 (1) ×　過酸化水素と硝酸は，いずれも水に溶けやすい． 正解▶(1)

新予想問題 付録

解答時間：2時間30分
問 題 数：合計45問

1　危険物に関する法令　15問
2　物理学及び化学　　　10問
3　危険物の性質並びに
　　その火災予防及び消
　　火の方法　　　　　　20問

《危険物に関する法令》

問1 法別表第一に掲げられている危険物として，次のうち誤っているものはどれか．
(1) 硝　酸　　(2) 水　素　　(3) ナトリウム
(4) 黄りん　(5) 過酸化水素

問2 危険物の規制について，次のうち誤っているものはどれか．
(1) 製造所等を設置しようとする者は，市町村長等の許可を受けなければならない．
(2) 指定数量以上の危険物を許可又は承認を受けずに貯蔵すると，市町村長等からその危険物の除去を命じられることがある．
(3) 指定数量未満の危険物の場合は，市町村条例により規制を受ける．
(4) 危険物施設は，製造所，貯蔵所，販売所の3つに区分されている．
(5) 航空機，船舶，鉄道又は軌道による危険物の貯蔵・取扱いは，消防法令の適用を受けない．

問3 法令上，貯蔵又は取扱数量に上限が定められているタンク貯蔵所は，次のA～Eのうちいくつあるか．
　A　屋内タンク貯蔵所
　B　屋外タンク貯蔵所
　C　地下タンク貯蔵所
　D　簡易タンク貯蔵所
　E　積載式以外の移動タンク貯蔵所
(1) なし　(2) 1つ　(3) 2つ　(4) 3つ　(5) 4つ

問4 法11条5項ただし書に基づく仮使用の説明として，次のうち正しいものはどれか．
(1) 仮使用とは，定期点検中の製造所等を10日以内の期間，仮に使用することをいう．
(2) 仮使用とは，製造所等を変更する場合に，工事が終了した部分を仮に使用することをいう．
(3) 仮使用とは，製造所等を変更する場合に，変更工事に係る部分以外の部分の全部又は一部を，市町村長等の承認を得て完成検査前に仮に使用することをいう．
(4) 仮使用とは，製造所等を変更する場合に，変更工事の開始前に仮に使用することをいう．
(5) 仮使用とは，製造所等の設置工事において，工事終了部分の機械装置を完成検査前に試運転することをいう．

問5 法令上，製造所等の所有者等が市町村長等に届け出る必要のないものは次のうちどれか．
(1) 危険物保安統括管理者を定めたとき
(2) 危険物保安監督者を定めたとき
(3) 危険物施設保安員を定めたとき
(4) 危険物保安統括管理者を解任したとき
(5) 危険物保安監督者を解任したとき

問6 法令上，危険物取扱者に関する記述として，次のうち誤っているものはどれか．

(1) 製造所等において危険物の取扱作業に従事している危険物取扱者は，一定期間ごとに都道府県知事が行う保安に関する講習を受けなければならない．
(2) 免状記載の本籍地に変更を生じた者は，遅滞無く免状を交付した都道府県知事又は居住地・勤務地の都道府県知事に変更の申請をしなければならない．
(3) 免状を亡失し，その再交付を受けた者は，亡失した免状を発見したときは，遅滞無く再交付を受けた都道府県知事に亡失した免状を提出しなければならない．
(4) 都道府県知事は，法に違反している危険物取扱者に免状の返納を命じることができる．
(5) 甲種危険物取扱者が立会えば，危険物取扱者以外の者でもすべての類の危険物を取扱うことができる．

問7 法令上，危険物保安監督者の業務として定められていないものは，次のうちどれか．

(1) 危険物施設保安員を置く製造所等では，危険物施設保安員の指揮下に入り指示を受ける．
(2) 危険物の取扱作業を実施する際，危険物の技術上の基準に適合するように，作業者に必要な指示を与える．
(3) 火災等の災害が発生した場合は，作業者を指揮し応急の措置を講ずる．
(4) 火災などの災害を防止するために，当該施設に隣接する製造所等，その他関連する施設の関係者との間に連絡を保つ．
(5) 危険物の取扱作業を実施する際，当該作業に立会っている危険物取扱者に対し，予防規程に適合するよう指示を与える．

問 8　定期点検の点検記録に関する記述のうち，規則で定められていないものは次のうちどれか．
(1) 点検を行った製造所等の名称の記載
(2) 点検の方法及び結果の記載
(3) 点検を行った年月日の記載
(4) 点検結果を都道府県知事に報告した年月日の記載
(5) 定検記録の保存年限

問 9　原則として空地を保有しなければならない製造所等のみの組合せは，次のうちどれか．
(1) 製造所　地下タンク貯蔵所　移送取扱所
(2) 販売取扱所　一般取扱所　屋外タンク貯蔵所
(3) 製造所　屋内貯蔵所　移動タンク貯蔵所
(4) 製造所　地下タンク貯蔵所　一般取扱所
(5) 屋内貯蔵所　屋外タンク貯蔵所　屋外貯蔵所

問 10　法令上，顧客に自ら給油等をさせる給油取扱所において，危険物顧客用固定給油設備に彩色を施す場合の色の組合せとして，次のうち正しいものはどれか．

	レギュラーガソリン	軽油	灯油
(1)	赤	青	緑
(2)	青	緑	赤
(3)	緑	赤	青
(4)	赤	緑	青
(5)	青	赤	緑

問 11　製造所等における掲示板の説明で，次のうち誤っているものはどれか．
(1) 地色が青の掲示板は，「禁水」を示している．
(2) 地色が赤の掲示板は，「火気厳禁」又は「火気注意」を示している．
(3) 「禁水」と表示されている貯蔵所は，第1類のアルカリ金属の過酸化物又は第3類の禁水性物品を貯蔵しているものである．
(4) 「火気厳禁」の掲示板が掲げられている貯蔵所は，第4類又は第5類の危険物のみを貯蔵しているものである．
(5) 指定数量以上の危険物を運搬する車両には，前後に0.3m平方の黒地に黄色の反射塗料等で「危」と表示しなければならない．

問 12　危険物の貯蔵・取扱いについて，次のうち正しいものはどれか．
(1) 製造所等においては，いかなる理由があっても火気を使用してはならない．
(2) 製造所等の電気設備は，すべて防爆構造とすること．
(3) 貯留設備は，たまった危険物をくみ上げやすいように，常時水を張っておくこと．
(4) 保護液中に保存する場合は，危険物が保護液から露出しないようにすること．
(5) くず，かす等は1週間に1回以上当該危険物の性質に応じて安全な場所及び方法で回収若しくは廃棄しなければならない．

問 13　危険物の製造における技術上の基準について，次のA～Dのうち正しいものはいくつあるか．
　A　蒸留工程において，圧力変動等により，液体，蒸気又はガスが漏れないようにする．
　B　抽出工程において，抽出かんの内圧が異常に上昇しないようにする．
　C　乾燥工程において，危険物の温度が局部的に上昇しないような方法で加熱又は乾燥する．
　D　粉砕工程において，粉砕した危険物が粉砕工程室の機器等に付着しないよう，室内の空気を循環させる．
　(1) なし　(2) 1つ　(3) 2つ　(4) 3つ　(5) 4つ

問14 移動タンク貯蔵所でアセトアルデヒドを運搬する際の留意事項として，誤っているものは次のうちどれか．
(1) アセトアルデヒドを運搬する場合は，不活性の気体を常時移動タンク貯蔵所に封入しなければならない．
(2) あらたにアセトアルデヒドを注入する場合は，不活性の気体を封入してから行う．
(3) 保冷装置である移動タンク貯蔵所で運搬する場合は，－10℃以下の温度を保つ．
(4) 移動タンク貯蔵所から製造所等へ荷卸しする場合は，注入装置のホース・金具類を緊結して気密を保つ．
(5) 移動タンク貯蔵所から製造所等へ荷卸しする場合は，同時に0.1MPa以下の圧力で不活性の気体を移動タンク貯蔵所に封入しなければならない．

....

問15 危険物による事故が発生した場合，製造所等の所有者等が実施しなければならない措置等について，次のうち不適切なものはどれか．
(1) 火災発生等に備え，消火の準備をする．
(2) 事故現場付近にいる人に，消防活動に従事するよう指示する．
(3) 漏えいした危険物の拡散を防ぐ．
(4) 危険物の流出を防ぐ．
(5) 漏えいした危険物を回収する．

《物理学及び化学》

問 16 蒸発熱（気化熱）についての記述で，次のうち誤っているものはどれか．
(1) 消火のために注水を行うのが有効であるのは，水の蒸発熱が大きいためである．
(2) 蒸発熱は，液体が気体になるために必要な熱量である．
(3) アルコールを皮膚につけた場合に冷たく感じるのは，蒸発する際に，皮膚から蒸発熱相当の熱を奪うからである．
(4) 運動して汗をかき，汗をふかないと風邪をひくのは，蒸発するときの蒸発熱を体温から奪うからである．
(5) 蒸発熱が最大のものは水で，20℃の水 1g を蒸気に変えるには，2256.3 ジュールの蒸発熱を必要とする．

問 17 次表の体積組成〔％〕のガスのうち，比重の最も大きいものはどれか．

	CO	CO_2	H_2	CH_4	N_2
(1)	5	6	50	30	9
(2)	10	5	45	25	15
(3)	35	5	30	20	10
(4)	25	8	40	15	12
(5)	9	6	55	10	20

問 18 200ℓ のドラム缶にガソリンが 200ℓ 給油されたものが，液温 20℃ から 40℃ に上昇したときに，ガソリンのこぼれる量で，次のうち正しいものはどれか．ただし，ガソリンの体膨張率は 13.5×10^{-4} とする．
(1) 1.4ℓ
(2) 2.4ℓ
(3) 3.4ℓ
(4) 4.4ℓ
(5) 5.4ℓ

問 19　静電気の蓄積と放電による火花を防止する対策として，次のうち誤っているものはどれか．
(1) 接地（アース）する．
(2) 空気中の湿度を高くする．
(3) 空気をイオン化する．
(4) 各物質に導電性を与える．
(5) 物体に発生した静電気は，すべて蓄積され続ける．

問 20　炭素が完全燃焼するときの熱化学方程式は次のとおりである．
　　　$C + O_2 = CO_2 + 394kJ$
発生した熱量が788kJであった場合，炭素は何g完全燃焼したこととなるか．ただし，炭素の原子量は12とする．
(1) 6g　　(2) 12g　　(3) 24g　　(4) 36g　　(5) 48g

問 21　0.20mol/ℓ の硫酸 50mℓ とちょうど中和する 0.50mol/ℓ の水酸化ナトリウム水溶液は何 mℓ となるか．
　　化学式 $H_2SO_4 + 2NaOH \rightarrow Na_2SO_4 + 2H_2O$
次の (1) ～ (5) のうちから正しいものを選びなさい．
(1) 10mℓ　　(2) 16mℓ　　(3) 20mℓ　　(4) 30mℓ　　(5) 40mℓ

問 22　鉄を腐食させる環境で最も影響の小さいものはどれか．
(1) 二酸化窒素を含む大気中
(2) 湿度の高い大気中
(3) 氷点下の乾燥した大気中
(4) 温度変化の激しい大気中
(5) 二酸化硫黄を含む大気中

問 23 次の物質のうち，常温（20℃）常圧の空気中で燃焼しないものはどれか．
(1) 一酸化炭素
(2) 硫化水素
(3) 二酸化硫黄
(4) ヘリウム
(5) 硫化りん

問 24 ABC 粉末消火器の主原料は，次のうちどれか．
(1) 炭酸水素カリウム
(2) 炭酸カリウム
(3) 炭酸水素ナトリウム・硫酸
(4) りん酸アンモニウム
(5) 炭酸水素ナトリウム

問 25 周期律表について，次のうち誤っているものはどれか．
(1) 周期律表の縦の列を族，横の行を周期という．
(2) 同族の元素は，似た性質を有することが多い．
(3) 遷移元素はほとんど非金属元素であり，典型元素はすべて金属元素である．
(4) ハロゲン族は一価の陰イオンになりやすい．
(5) 希ガスはほとんど化学反応を起こさない．

《危険物の性質並びにその火災予防及び消火の方法》

問 26 危険物の性状として,誤っているものはどれか.
 (1) 単体,化合物,混合物の3種類がある.
 (2) 不燃性の液体及び固体がある.
 (3) 水と接触して発火し,若しくは可燃性ガスを発生するものがある.
 (4) 液体の危険物の比重は1より小さく,固体の危険物の比重はすべて1より大きい.
 (5) 同一物質であっても,形状等によって危険物にならないものもある.

....

問 27 次の物質の火災予防として,適切でないものはどれか.
 (1) ナトリウムは,湿気に注意する.
 (2) 二硫化炭素は,火気に注意する.
 (3) ピクリン酸は,摩擦,衝撃に注意する.
 (4) 過塩素酸は,可燃物との接触に注意する.
 (5) 過酸化水素は,貯蔵容器は必ず密栓する.

....

問 28 次のうち,禁水性のもののみの組合せとして,正しいものはどれか.
 (1) $NaClO_3$, H_2O_2
 (2) Ca_3P_2, CaO_2
 (3) Na_2O_2, CaC_2
 (4) KNO_3, K_2O_2
 (5) CrO_3, CS_2

問29 火災予防，消火の方法として，次のうち誤っているものはどれか．
(1) 硝酸は腐食性が強いので，アルミニウム製の容器などを用いる．
(2) カリウムは灯油中に貯蔵し，乾燥砂等で窒息消火する．
(3) ニトロセルロースは，エチルアルコール又は水で湿綿として安定剤を加えて冷所に貯蔵する．大量の水で冷却消火する．
(4) 硫黄を粉末状で取扱う場合は，湿気に注意する．注水消火は厳禁である．
(5) 過酸化ベンゾイルは，乾燥した状態で取扱わないようにする．高濃度のものは爆発の危険がある．

問30 第1類の危険物の一般的な性状として，次のうち誤っているものはどれか．
(1) 他の物質を強く酸化する酸素を分子構造中に含有している．
(2) 常温（20°C）において大部分は固体であるが，液体もある．
(3) 一般に不燃性の物質である．
(4) 加熱，衝撃，摩擦などにより爆発の危険性がある．
(5) 水と反応して発熱するものがある．

問31 過塩素酸塩類の性状として，次のうち誤っているものはどれか．
(1) 過塩素酸カリウムは，水に溶けにくい．
(2) 過塩素酸ナトリウムには，潮解性がある．
(3) 過塩素酸アンモニウムは，濃紫色の粉末である．
(4) 消火方法は，注水により消火するのが適している．
(5) りん，硫黄と混合したときは，わずかの刺激で爆発する危険がある．

問32 硝酸アンモニウムの性状として，次のうち誤っているものはどれか．
(1) 水に溶けやすく，吸湿性がある．
(2) 約210°Cで分解し，有毒な亜酸化窒素を生じる．
(3) 急激な加熱，衝撃でも単独では爆発しない．
(4) 白色の結晶である．
(5) 容器は密栓し，可燃物，有機物と隔離する．

問33 第2類の危険物の特性について，次のうち誤っているものはどれか．
(1) 固体の可燃性物質である．
(2) 燃焼すると有毒ガスを発生するものがある．
(3) 空気中の湿気により自然発火するものがある．
(4) 水と接触して有毒ガスを発生するものがあるが，可燃性ガスを発生させるものはない．
(5) 比重は1より大きく，水に溶けないものが多い．

問34 第2類の危険物で微粉状のものに共通する火災予防の方法として，次のうち誤っているものはどれか．
(1) 火気を避ける．
(2) 静電気の蓄積を防止する．
(3) 電気設備は防爆構造とする．
(4) 換気を十分に行いその濃度を燃焼範囲の下限値以上とする．
(5) 無用な粉じんの堆積を防止する．

問35 次の文の下線部A～Cのうち，誤っているものの組合せはどれか．
「一般に金属は燃焼しないが，これらをA 細分化し粉状とすれば燃えやすくなる．これは，B 酸化表面積が拡大しC 熱伝導率が大きくなるからである．」
(1) A　(2) B　(3) C　(4) A, B　(5) B, C

問36 第3類の危険物の貯蔵方法として，次のうち正しいものはどれか．
(1) ナトリウムは，保護液として水の中に小分けして貯蔵する．
(2) アルキルアルミニウムは，水中に貯蔵する．
(3) 炭化カルシウムは，乾燥した場所に容器に密封して貯蔵する．
(4) 金属の水素化物は，水中に密栓して貯蔵する．
(5) 黄りんは，水との接触を避けて貯蔵する．

問 37 ナトリウムの性状として，次のうち誤っているものはどれか．
(1) 銀白色の軟らかい金属である．
(2) 長時間空気に触れると自然発火のおそれがある．
(3) 常温（20℃）では固体である．
(4) カリウムと異性体である．
(5) 水と激しく反応して水素と熱を発生する．

問 38 次の第4類の危険物のデータによって，最も危険性の大きいものはどれか．

	（品名）	（引火点）	（発火点）
(1)	ベンゼン	－10℃	498℃
(2)	アセトン	－20℃	465℃
(3)	ジエチルエーテル	－45℃	160℃
(4)	ガソリン	－40℃	300℃
(5)	灯油	約40℃	220℃

問 39 特殊引火物であるジエチルエーテルと二硫化炭素の性質の比較について，次のうち誤っているものはどれか．
(1) 引火点は二硫化炭素の方が高い．
(2) 発火点はジエチルエーテルが低い．
(3) ジエチルエーテルは水より軽く，二硫化炭素は水より重い．
(4) ジエチルエーテルの蒸気は麻酔性があり，二硫化炭素の蒸気は毒性がある．
(5) どちらも，ガソリンに比べて，燃焼範囲が広い．

危険物の性質並びにその火災予防及び消火の方法　　　　　　　　　　　　　　　207

問40 動植物油類について，自然発火を起こしやすいものは次のうちどれか．
(1) 油の入った容器にふたをせずに置いていた場合．
(2) 容器に入った油を湿気の多い場所で貯蔵した場合．
(3) 容器に入った油を長時間直射日光にさらしていた場合．
(4) 油がしみ込んだ布や紙などを，長い間風通しの悪い場所に積んでおいた場合．
(5) 容器の油に不乾性油を混合した場合．

問41 第5類の危険物の貯蔵，取扱いとして，次のうち正しいものはどれか．
(1) 分解しやすいものは，室温，湿気，通風に注意すること．
(2) 廃棄する場合は，ひとまとめにして土中に埋没させる．
(3) ニトロセルロースは，自然分解しやすいので発火の危険性はない．
(4) セルロイドは，貯蔵温度や湿度に注意しなくてもよい．
(5) 茶褐色に変色したトリニトロトルエンは，爆発する危険性はない．

問42 ピクリン酸の性状として，次のうち誤っているものはどれか．
(1) 熱水に溶ける．
(2) 無臭である．
(3) 急激に熱すると爆発する．
(4) 乾燥状態では安定している．
(5) 酸性であるため，金属と反応して塩をつくる．

問43 第6類の危険物に共通する性状として，次のうち誤っているものはどれか．
(1) いずれも無機化合物である．
(2) 水と激しく反応し発熱するものがある．
(3) 酸性であるが，高温になると還元性を有する．
(4) 有機物を酸化させ，場合によっては着火させる．
(5) 腐食性があり皮膚をおかし，その蒸気は有毒である．

問 44 第6類の危険物のうち通気孔の付いた容器に入れ，できるだけ冷暗所に貯蔵しなければならない危険物は，次のうちどれか．
 (1) 過塩素酸
 (2) 過酸化水素
 (3) 三ふっ化臭素
 (4) 硝　酸
 (5) 発煙硝酸

問 45 過酸化水素貯蔵の安定剤として使用できるものとして，次のうち正しいものはどれか．
 (1) 水
 (2) 酢　酸
 (3) 尿　酸
 (4) 灯　油
 (5) ピリジン

解　答

新予想問題の解答

問1 消防法の危険物は，2条7項で，「法別表第一の品名欄に掲げる物品」と定義されている．

　黄りんとナトリウムは第3類の危険物，硝酸と過酸化水素は第6類の危険物と定められているが，水素は消防法の危険物に含まれていない．　　　　　正解（2）

問2 指定数量以上の危険物を貯蔵し，又は取扱う施設は，製造所，貯蔵所及び取扱所の三つに区分され，取扱所はさらに給油取扱所，販売取扱所，移送取扱所，一般取扱所に区分されている．　　　　　正解（4）

問3 タンクの容量制限のある製造所等には，以下のものがある．
(1) 屋内タンク貯蔵所：指定数量の40倍以下（ただし，第4石油類，動植物油類以外の第4類危険物は，最大容量20,000 ℓ 以下）
(2) 簡易タンク貯蔵所：600 ℓ 以下
(3) 移動タンク貯蔵所：30,000 ℓ 以下
(4) 給油取扱所：廃油タンク10,000 ℓ 以下　　　　　正解（4）

問4 法11条5項ただし書は以下のとおりである．

「ただし，製造所，貯蔵所又は取扱所の位置，構造又は設備を変更する場合において，当該製造所，貯蔵所又は取扱所のうち当該変更の工事に係る部分以外の部分の全部又は一部について市町村長等の承認を受けたときは，完成検査を受ける前においても，仮に，当該承認を受けた部分を使用することができる」．

正解（3）

問5 危険物保安統括管理者の選任・解任については，法12条の7第2項により，又，危険物保安監督者の選任・解任については，法13条2項に，それぞれ市町村長等に届け出なければならないと定められている．　　　　　正解（3）

問6 亡失した免状を発見した場合，10日以内に，再交付を受けた都道府県知事に亡失した免状を提出しなければならない．　　　　　正解（3）

問7 危険物保安監督者の業務は，以下のとおりである．
① 危険物取扱作業場所での作業者に対して，貯蔵又は取扱いに関する技術上の基準，予防規程等に定める保安基準に適合するように必要な指示を与える．

② 火災等災害発生時に作業者を指揮して応急措置を講ずること及び直ちに消防機関等へ連絡する．
③ 危険物施設保安員を置く製造所等にあっては，危険物施設保安員へ必要な指示をし，危険物施設保安員を置かない製造所等にあっては，次の業務を行う．
・構造，設備の技術上の基準に適合するよう維持するため，施設の定期及び臨時の点検の実施，記録及び保存をする．
・施設の異常を発見した場合の連絡及び適当な措置をする．
・火災の発生又はその危険が著しいときの応急措置をする．
・計測装置，制御装置，安全装置等の機能保持のための保安管理をする．
・その他施設の保安に関し必要な業務．
④ 火災等の災害防止のため隣接製造所等その他関連する施設の関係者との連絡を保つ．
⑤ 上記のほか，危険物取扱作業の保安に関し必要な監督業務を行う．

正解（1）

問8 製造所等の所有者等は，定期に点検し，その点検記録を作成し，一定の期間これを保存することが義務づけられている．

目的：定期的に点検をして技術上の基準を維持する．
点検時期：1年に1回以上
保存期間：3年間
記載事項：製造所の名称，点検の方法および結果，点検年月日，点検者

正解（4）

問9 保有空地とは，消防活動及び延焼防止のために，製造所等の周囲に確保する空地であり，空地には，どのような物品も置くことはできない．保有空地を必要とする製造所等は，以下のとおりである．

必要な施設	必要としない施設
製造所	屋内タンク貯蔵所
屋内貯蔵所	地下タンク貯蔵所
屋外タンク貯蔵所	移動タンク貯蔵所
簡易タンク貯蔵所（屋外のみ）	給油取扱所
屋外貯蔵所	販売取扱所
一般取扱所	移送取扱所（他法令により規制されている．）

解　答

正解（5）

問10　セルフ型スタンドの基準については，基本的には屋外給油取扱所又は屋内給油取扱所と同じ基準が適用されるが，これに特例基準が付加されている．

給油，注油設備の直近には，使用方法，危険物の品目等の表示，彩色が義務づけられており，彩色については，取扱う品目によって以下のとおりとなっている．

危険物の種類	ハイオク ハイオクガソリン	レギュラー レギュラーガソリン	軽油	灯油
色	黄	赤	緑	青

正解（4）

問11　(4)　×　「火気厳禁」の掲示板が掲げられている貯蔵所は，第2類の引火性固体，第3類の自然発火性物品等，第4類のすべて，第5類のすべてである．

(1)，(2)，(3) および (5) は，正しい．　　　　　　　　　　　正解（4）

問12　(1)　×　火気は，みだりな使用が禁じられている．

(2)　×　電気器具等の防爆構造については，電気工作物に係る法令により，防爆構造が必要な危険物，設置場所，種類等が規定されており，危険物を取り扱う場所すべてに必要となるわけではない．

(3)　×　ためますは，容器等から漏れ出た危険物を回収する設備であり，水等を張ることにより，その収容容積が少なくなることは逆効果である．

(5)　×　危険物のくず，かす等は，1日1回以上廃棄等の措置が必要である．

(4) は，危険物を保護液から露出させると危険性が大きいので，正しい．

正解（4）

問13　「粉砕工程においては，危険物の粉末が著しく浮遊し，又は危険物の粉末が著しく機械器具等に附着している状態で当該機械器具等を取り扱わないこと．」（政令27条2項4号）

A, B, Cは正しいので，(4) が正解である．　　　　　　　　　　正解（4）

問14　(1)　○　規則24条の9の規定により，正しい．

(2)　○　規則24条の9の規定により，正しい．

(3)　×　アセトアルデヒドは，沸点（20℃）以下に保冷して運搬するように定められており，−10℃以下は誤りではないが厳しすぎる．

(4)　○　アセトアルデヒドは引火点が低く，燃焼範囲が広いことから，安全

対策として気密性の保持が必要である．

(5) ○ アセトアルデヒドは，加圧下にあるときは爆発性の過酸化物を生成するおそれがあるため，荷卸し時は 0.1MPa 以下の圧力で不活性の気体を封入する必要がある． 正解（3）

問 15 所有者等は，製造所の作業者を指揮して応急措置を実施することはできるが，

① 現場付近にいる部外者に対して，指揮することはできない．
② 消防機関と同等の活動（消防活動）を行う権限がない．

したがって，(2) は誤りである． 正解（2）

問 16 (5) × 水やアルコールなどの液体が熱を加えられて気体に変わることを蒸発（気化）という．このように液体を気体に変えるために必要な熱量を蒸発熱（気化熱）といい，蒸発熱が最大なのは水で，100°C の水 1g を蒸気に変えるには 2256 ジュールの蒸発熱を必要とする． 正解（5）

問 17 比重は，混合ガスの平均分子量を空気の平均分子量で割ることにより求められるので，(1) ～ (5) の混合ガスの平均分子量が一番大きいものが答となる．

混合ガスの平均分子量＝ CO の分子量×組成＋ CO_2 の分子量×組成
　　　　　　　　　　＋ H_2 の分子量×組成＋ CH_4 の分子量×組成
　　　　　　　　　　＋ N_2 の分子量×組成

(1) $28 \times 5/100 + 44 \times 6/100 + 2 \times 50/100 + 16 \times 30/100 + 28 \times 9/100$
　　$= 12.36$

(2) $28 \times 10/100 + 44 \times 5/100 + 2 \times 45/100 + 16 \times 25/100 + 28 \times 15/100$
　　$= 14.1$

(3) $28 \times 35/100 + 44 \times 5/100 + 2 \times 30/100 + 16 \times 20/100 + 28 \times 10/100$
　　$= 18.6$

(4) $28 \times 25/100 + 44 \times 8/100 + 2 \times 40/100 + 16 \times 15/100 + 28 \times 12/100$
　　$= 17.08$

(5) $28 \times 9/100 + 44 \times 6/100 + 2 \times 55/100 + 16 \times 10/100 + 28 \times 20/100$
　　$= 13.46$

最も平均分子量の大きい (3) が比重も最大となる． 正解（3）

問 18 膨張後の全体積は，次式で計算する．

$$V = V_0(1 + \alpha t) = V_0 + V_0 \alpha t$$

ただし，V＝膨張後の全体積，V_0＝液体の元の体積，α＝体膨張率，t＝温度差

こぼれるガソリンの量は $V - V_0$ であるから，$V = V_0 + V_0 \alpha t$ より

$$V - V_0 = V_0 \alpha t$$

ここで，$V_0 = 200\ell$，$\alpha = 13.5 \times 10^{-4}$，$t = (40℃ - 20℃) = 20℃$

$$\therefore V - V_0 = 200\ell \times 13.5 \times 10^{-4} \times 20℃ = 5.4 \, [\ell]$$

したがって，正解は（5）である． 正解（5）

問19（5）× 静電気は異種物体の接触やはく離によって，一方が正に，他方が負に電荷をおびることで発生し，蓄積されて帯電状態では火災が起きないが，それが放電することによって点火源となる．一般に静電気が蓄積するのは，静電気の発生速度がそれの漏えい速度よりも著しく大きいからで，静電気はすべて蓄積され続けるわけではない．

（1）〜（4）は，それぞれ正しい． 正解（5）

問20 問題の式より，1molの炭素と1molの酸素から二酸化炭素1molが生じるとき，394kJの発熱がある．

今発生した熱量が788kJであるから，

$$788/394 = 2 \quad より，$$

2molの二酸化炭素を生じたことになる．これには炭素2molと酸素2molが必要となる．炭素1molの質量は12gであるから，必要な炭素の質量は次式となる．

$$2 \times 12g = 24g$$

正解（3）

問21 ［計算過程］

n：価数，c：モル濃度，V：体積とする．

中和の式は，$ncV = n'c'V'$ であるから，水酸化ナトリウムの体積を V' とすると，硫酸の価数 $n = 2$ により，

$$V' = ncV/n'c' = (2 \times 0.2 \times 50) / (1 \times 0.5) = 20/0.5 = 40m\ell$$

したがって，正解は（5）である． 正解（5）

問22 二酸化窒素を含む大気中および二酸化硫黄を含む大気中は，製鉄工場の地域の公害の元凶となるもので，今日でも大気汚染の環境の測定対象になっている．鉄の腐食は，水分の影響を受けるから（3）の氷点下の乾燥した大気中が，

最も影響は小さい． 正解 (3)

問 23 (4) ○ ヘリウム (He) が不燃物で，一酸化炭素 (CO)，硫化水素 (H_2S)，二酸化硫黄 (SO_2)，硫化りん (P_XS_Y) は，いずれも可燃物である． 正解 (4)

問 24 設問の消火剤の適応火災は，次の表のとおりである．

	消火器の主原料	適応火災
(1)	炭酸水素カリウム	B, C
(2)	炭酸カリウム（強化液）	A, (B, C)
(3)	炭酸水素ナトリウム・硫酸	A, (C)
(4)	りん酸アンモニウム	A, B, C
(5)	炭酸水素ナトリウム	B, C

したがって，正解は (4) である． 正解 (4)

問 25 (3) × 遷移元素はほとんどが金属元素であり，典型元素には非金属元素を含む場合と，金属元素を含む場合がある．

(1), (2), (4), (5) は，それぞれ正しい． 正解 (3)

問 26 (4) × 液体の危険物であっても，二硫化炭素 (1.26)，酢酸 (1.05)，ニトロベンゼン (1.20) およびグリセリン (1.26) のように比重が 1 より大きいものがあり，固体の危険物であっても，リチウム (0.53)，カリウム (0.86) およびナトリウム (0.97) のように比重が 1 より小さいものがある．

(1), (2), (3) および (5) は，それぞれ正しい． 正解 (4)

問 27 (5) × 過酸化水素の貯蔵容器は密栓せず通気のための穴のあいた栓をする． 正解 (5)

問 28 (3) ○ 過酸化ナトリウム (Na_2O_2) は水と作用して，酸素を発生する．炭化カルシウム (CaC_2) は，水と作用してアセチレンガスと熱を発生し水酸化カルシウムとなる．

(1) $NaClO_3$ 塩素酸ナトリウム ○　　H_2O_2 過酸化水素 ×
(2) Ca_3P_2 りん化カルシウム ○　　CaO_2 過酸化カルシウム ×
(3) Na_2O_2 過酸化ナトリウム ○　　CaC_2 炭化カルシウム ○
(4) KNO_3 硝酸カリウム ×　　K_2O_2 過酸化カリウム ○
(5) CrO_3 三酸化クロム ○　　CS_2 二硫化炭素 ×

正解 (3)

解　答　　　　　　　　　　　　　　　　　　　　　　　　　　　　　　　　　　215

問29　(4)　×　硫黄は融点が低いので燃焼の際は流動することがある．水と土砂等を用いて消火する．　　　　　　　　　　　　　　　　　　　　　正解 (4)

問30　(2)　×　大部分は，無色の結晶又は白色の粉末であり，液体のものはない．
　(1)，(3)，(4) および (5) は，それぞれ正しい．　　　　　　　　　　正解 (2)

問31　(3)　×　過塩素酸アンモニウムは，無色の結晶で，水に溶けるが潮解性はない．　　　　　　　　　　　　　　　　　　　　　　　　　　　　正解 (3)

問32　(3)　×　単独でも急激な加熱，衝撃で分解爆発することがある．
　(1)，(2)，(4) および (5) は，それぞれ正しい．　　　　　　　　　　正解 (3)

問33　(4)　×　硫化りんのように，熱水では分解して有毒で可燃性の硫化水素を発生させるものがある．　　　　　　　　　　　　　　　　　　　　正解 (4)

問34　(4)　×　換気を十分に行いその濃度を燃焼範囲の「下限値以上」ではなく「下限値以下」とする．　　　　　　　　　　　　　　　　　　　　正解 (4)

問35　C　×　酸化表面積が増大し熱伝導率が小さくなるからである．A，B は正しい記述である．　　　　　　　　　　　　　　　　　　　　　　　正解 (3)

問36　(1)　×　ナトリウムの保護液は灯油，軽油等である．
　(2)　×　アルキルアルミニウムは不活性ガスを封入した容器に貯蔵する．
　(4)　×　水素化カルシウム等の金属の水素化物は，水分，高温を避けて貯蔵する．
　(5)　×　黄りんは，空気中で自然発火するので，水中に保存する．　正解 (3)

問37　(4)　×　異性体とは，分子式が同じであっても分子内の構造が異なり，性質が異なる物質をいう．ナトリウムとカリウムは，I族元素に属するアルカリ金属であるが，異性体ではない．
　(1)，(2)，(3) および (5) は，それぞれ正しい．　　　　　　　　　　正解 (4)

問38　第 4 類の危険物の危険性を表すデータは，種々あるが，本問の中では，最も危険性の大きいものは，引火点が最も低く，発火点の最も低いデータによりジエチルエーテルとなる．
　したがって，正解は (3) である．　　　　　　　　　　　　　　　　　正解 (3)

問39　(2)　×　発火点はジエチルエーテル 160℃，二硫化炭素 90℃ で，ジエチルエーテルの方が高い．

	引火点	発火点	比重	燃焼範囲
ジエチルエーテル	−45℃	160℃	0.7	19〜36%
二硫化炭素	−30℃	90℃	1.26	1〜50%

正解（2）

問40 (4) 自然発火しやすい．アマニ油などの乾性油は，布や紙などにしみ込ませて，長い間風通しの悪い場所に積んでおくと自然発火しやすくなる．
(1)，(2)，(3) および (5) は，それぞれ自然発火する原因とはならない．

正解（4）

問41 (1) ○ 正しい．
(2) × 埋没廃棄する場合には，危険物の性質に応じ，小分けにして安全な場所で行うこと．（政令27条5項）
(3) × 長期間貯蔵されていたものも危険性があるので，自然分解しないように，エチルアルコール又は水で湿綿として安定剤を加えて冷所に貯蔵し，露出しないように液量の注意をする．
(4) × 温度や湿度が高いと自然発火することが多いため，貯蔵温度や湿度に注意が必要となる．
(5) × ピクリン酸と同様に乾燥した状態のものは危険性が大きくなる．

正解（1）

問42 ピクリン酸は，非常に強力な爆薬である．ピクリン酸単独では爆発の危険性は少ないが，酸化されやすい物質たとえばアルコールと混合したものは衝撃で爆発する．湿ったものより乾燥したもののほうが危険性が大きい． 正解（4）

問43 (3) × 強い酸化性を有する．高温になるからといっても還元性を有することとはならない．
(1)，(2)，(4) および (5) は，正しい記述である． 正解（3）

問44 (2) 過酸化水素は，容器は密栓せず通気のため穴のあいた栓をしておき，日光の直射を避けるために冷暗所に貯蔵することとなっている． 正解（2）

問45 (3) 過酸化水素は，きわめて不安定で濃度を50%以上に薄めても，常温で水と酸素とに分解する．安定剤にはりん酸，尿酸，アセトアニリド等が用いられる．

正解（3）

物理学・化学の重要問題 付録

甲種危険物試験は，物理学及び化学の出来によって合否が分かれることが多いようです．この分野の予想問題を，特に25問追加して，付録としました．

問 1 燃焼形式について，次のうち誤っているものはどれか．
(1) 非定常燃焼とは，自動車のエンジンの燃焼のように爆発的に燃焼することをいう．
(2) 蒸発燃焼とは，可燃性蒸気が空気と混合して燃焼することをいう．
(3) 分解燃焼とは，可燃物が加熱によって分解するときに可燃物の内部から爆発的に燃焼することをいう．
(4) 定常燃焼とは，都市ガスの燃焼のように器具を媒介として制御できる燃焼をいう．
(5) 表面燃焼とは，可燃性固体がその表面で酸素と反応し分解も蒸発も起こさないで燃焼することをいう．

Point (3) ×　分解燃焼とは，可燃物が加熱によって分解するときに発生する可燃性ガスが燃焼することをいい，可燃物の内部から爆発的に燃焼することをいうものではない．　正解（3）

問 2 酸化と還元について，次のうち誤っているものはどれか．
(1) 酸化と還元とは必ず同時に起こる．
(2) 物質が酸素と反応するときは酸化反応である．
(3) 物質が水素を失う反応を酸化反応という．
(4) 物質が酸素を失う反応を還元反応という．
(5) 酸化数の増減で考えれば，酸化数の増加は還元反応である．

Point (5) ×　酸化数の増減で考えれば，酸化数の増加は酸化反応であり，酸化数の減少は還元反応である．　正解（5）

問 3 無機化合物の品名のうちで，誤っているものはどれか．
(1) メタン（CH_4）
(2) 塩化ナトリウム（NaCl）
(3) 二酸化炭素（CO_2）
(4) 一酸化炭素（CO）
(5) 炭酸ナトリウム（Na_2CO_3）

重要問題

Point 無機化合物は，一般には炭素 C を含まない金属（Fe，Cu など），水（H_2O）または塩化ナトリウム（NaCl）等をいうが，例外的に，炭素を含む二酸化炭素（CO_2），一酸化炭素（CO）または炭酸ナトリウム（Na_2CO_3）等がある．

また，シアン化合物（KCN）は，無機化合物であり，メタン（CH_4）は，有機化合物である．

(1) メタン（CH_4）は，有機化合物である．
(2) 塩化ナトリウム（NaCl）は，無機化合物である．
(3) 二酸化炭素（CO_2）は，無機化合物である．
(4) 一酸化炭素（CO）は，無機化合物である．
(5) 炭酸ナトリウム（Na_2CO_3）は，無機化合物である． 正解（1）

問 4 熱伝導率が最も小さいものは，次のうちどれか．
(1) 銅
(2) 空　気
(3) 水
(4) アルミニウム
(5) 木　材

Point 各物質の熱伝導率は，温度 20℃の場合
(1) 銅　　0.923
(2) 空気　0.0000565
(3) 水　　0.00164
(4) アルミニウム　0.487
(5) 木材　0.0005

となり，実際には熱伝導率の数値の記憶までは不可能に違いが，熱伝導率の大きさは気体→液体→固体の順番で大きくなっているために，設問では気体である空気が，最も熱伝導率が小さいことが理解できる．従って，正解は（2）である．

正解（2）

問 5 金属と金属粉についての次の記述のうち，誤っているものはどれか．
(1) 一般に，金属は酸化されやすいが，普通には火災の危険はない．
(2) 金属は熱の良導体であるため酸化熱が蓄積しにくい．
(3) 金属は熱の良導体であるため酸化が表面にとどまって内部に蓄積しないのが火災の危険がない理由である．
(4) 金属が細分化し粉状となれば，酸素接触面積の増大によって，激しく燃焼爆発する危険物となる．
(5) 金属が細分化し粉状となれば，熱伝導率が大きくなるので，激しく燃焼する危険物となる．

Point (5) × 金属が細分化し粉状となれば，「熱伝導率が大きくなる」ではなく「酸素供給面積が大きくなる」ので，激しく燃焼する危険物となる． 正解（5）

問 6 元素，混合物および化合物の組合せとして，次のうち正しいものはどれか．

	元素	混合物	化合物
(1)	酸素	空気	コンクリート
(2)	銅	重油	炭酸ガス
(3)	水素	ガソリン	炭素
(4)	エチルアルコール	硝酸銀	煙
(5)	硫酸	空気	セルロイド

Point 1種類の元素の原子からできている物質（S, Fe, O_2）を単体，2種類以上の元素の原子が一定の割合で結合した物質（H_2SO_4, CO_2）を化合物，単体や化合物など2種類以上の純物質がいろいろな割合で単に混じり合った物質（石油類，空気，食塩水）を混合物という．

正解（2）
(1) × コンクリートは混合物である．
(3) × 炭素は元素である．
(4) × エチルアルコールは化合物である．
(5) × 硫酸は化合物である．

問7 有機化合物に関する記述のうち，正しいものはどれか．
(1) 一酸化炭素や二酸化炭素は炭素を含むので有機化合物である．
(2) 動物の体内や植物の中には有機化合物が多く含まれている．
(3) 有機化合物の種類が多いのは，構成する元素が多いからである．
(4) 有機化合物が燃焼すると，水や一酸化炭素が発生する．
(5) 有機化合物どうしの反応は，混合したら直ちに反応するものが多い．

Point
(1) × 炭素を含んでいる化合物がすべて有機化合物ではなく，一酸化炭素や二酸化炭素は炭素を含むものであっても，例外的に無機化合物である．
(2) ○ 卵白をフライパンで加熱し過ぎると黒くなるのは，有機化合物が炭化したものである．このように，動物の体内や植物の中には有機化合物が多く含まれている．
(3) × 有機化合物の種類が多いのは，構成する元素が多いからではなく炭素が複雑に結合するためである．
(4) × 有機化合物が完全燃焼すると水や二酸化炭素が発生するが，不完全燃焼になると水や二酸化炭素に加えて一酸化炭素も発生する．
(5) × 有機化合物どうしの反応は，混合したらゆっくりと反応するものが多いので，反応を促進するためには，加熱をしたり又は触媒を使用する．

正解 (2)

問8 次の組合せで同素体はいくつあるか．
　A　黄りんと赤りん
　B　水素と重水素
　C　黒鉛とダイヤモンド
　D　オゾンと酸素
　E　パラキシレンとメタキシレン
(1) 1つ　(2) 2つ　(3) 3つ　(4) 4つ　(5) 5つ

Point
1種類の元素からできている単体のうち，形や性質の異なるものを互いに同素体（酸素 O_2 とオゾン O_3）という．又，分子式が同じで性質や分子内の構造が異なる化合物を互いに異性体とい

う（オルトキシレン，パラキシレン，メタキシレン）．同一元素に属する原子の間で質量数が異なる原子を互いに同位体という（水素 1H, 重水素 2H）．

A 黄りんと赤りん（同素体）
B 水素と重水素（同位体）
C 黒鉛とダイヤモンド（同素体）
D オゾンと酸素（同素体）
E パラキシレンとメタキシレン（異性体）

従って，正解は(3)である．　正解 (3)

問9 化合物と混合物について，次のうち誤っているものはどれか．
(1) ガソリン，灯油ともに，種々の炭化水素の混合物である．
(2) 炭酸ガスは，炭素と酸素の化合物である．
(3) 空気は，酸素と窒素の混合物である．
(4) 鉄のさびは，鉄と酸素が反応する化合物である．
(5) 水は，酸素と水素の混合物である．

Point

(1) ○ ガソリン，灯油ともに，種々の炭化水素の混合物である．
(2) ○ 炭酸ガスは，炭素と酸素の化合物である．
$C + O_2 \rightarrow CO_2$
(3) ○ 空気は，酸素と窒素の混合物である．
空気の成分は，窒素78％，酸素21％，その他1％の混合物である．
(4) ○ 鉄のさびは，鉄と酸素が反応する化合物である．
$2Fe + 3CO_2 \rightarrow Fe_2O_3$（さび）$+ 3CO$
(5) × 水は，酸素と水素の「混合物」ではなく「化合物」である．
$2H_2 + O_2 \rightarrow 2H_2O$（水）　正解 (5)

問10 pH値がnの水溶液がある．これを水で薄めて，水素イオン濃度が100分の1になったら，pH値はいくらか．
(1) 100n
(2) n/100

(3) 2n
(4) n + 2
(5) n − 2

Point (4) pH 値は，水素イオン濃度を示す指標で，次式で表される．

$$pH = \log_{10}\frac{1}{[H^+]} = -1\log[H^+] = n$$

[H⁺] は水素イオン濃度

ここで水素イオン濃度が 1/100 になったとすると，

$$pH = \log_{10}\frac{1}{[H^+] \times \dfrac{1}{100}} = \log_{10}\frac{100}{[H^+]} = \log_{10}\frac{10^2}{[H^+]}$$

$$= \log_{10}10^2 - \log_{10}[H^+] = 2\log_{10}10 - \log_{10}[H^+] = 2 + n \quad 正解（4）$$

・・

問 11 塩基と酸に関する次の記述のうち，誤っているものはどれか．
(1) 酸とは，水溶液中で電離して，水素イオン（H⁺）を出すものをいう．
(2) 塩基とは，水溶液中で電離して，水酸イオン（OH⁻）を出すものをいう．
(3) 塩基と酸から塩と水を生ずるのが中性である．
(4) 中和反応で完全に中性になっている塩のことを中性塩という．
(5) 塩基は赤色リトマス試験紙を青変し，酸は青色リトマス試験紙を赤変する．

Point (3) × 酸の水溶液と塩基の水溶液を混合し，水素イオンと水酸化物イオンが結びついて，中性の塩と水を生ずる反応を中和という．(3) は「中性」ではなく「中和」である．　　正解（3）

・・

問 12 静電気を防止したり，その発生を少なくする次の記述のうち，誤っているものはどれか．
(1) 接触する 2 つの物体として，絶縁抵抗の小さいものを選択する．
(2) 液体がこすれないようにていねいに取り扱い摩擦を少なくする．
(3) 給油のホース内の流速の速さを遅くする．
(4) 湿度を下げて作業を行う．
(5) 衣服や靴は除電作用のあるものを身に付ける．

Point　(4) ×　湿度を下げて作業を行うことは，その作業所を乾燥状態にすることであって，静電気の発生の防止につながらない．
　　　　静電気の発生の防止には，その作業所の湿度を75％以上に高めることにより，物体の表面の水分を通して静電気の滞留を防止できる．
　正解（4）

問 13　熱の移動について，次のうち誤っているものはどれか．
(1) 熱が物質中をつぎつぎ隣の部分に伝わって行く現象を伝導という．
(2) 伝導の度合いは物質によって異なる．この度合いを熱伝導率という．
(3) 熱伝導率は，気体の方が固体，液体より大きい．
(4) 対流は，熱が物質の運動に伴って移ることをいう．この運動は主に熱による物質の比重の変化によって起こる．
(5) 一般に熱せられた物体が放射線を出して他の物体に熱を与えることをふく射という．

Point　(3) ×　熱伝導率は，金属の熱伝導率が特に大きく，次に金属以外の固体や水などの液体，一番小さいものが気体である．
　正解（3）

問 14　脂肪酸について，次の記述のうち誤っているものはどれか．
(1) 分子量の大きい直鎖式カルボン酸を高級脂肪酸という．
(2) 高級脂肪酸のうち，炭素間二重結合をもつものを不飽和脂肪酸という．
(3) オレイン酸は，炭素間二重結合を1個もつ不飽和脂肪酸である．
(4) リノール酸は，炭素間二重結合を2個もつ不飽和脂肪酸である．
(5) ステアリン酸は，炭素間二重結合を3個もつ不飽和脂肪酸である．

Point　(5) ×　ステアリン酸（$C_{17}H_{35}COOH$）は，炭素間二重結合をもたない飽和脂肪酸である．炭素間二重結合を3個もつ不飽和脂肪酸は，リノレン酸（$C_{17}H_{29}COOH$）である．　正解（5）

問 15　次の変化のうち，酸化反応はどれか．
(1) 水　→　水蒸気

(2) 濃硫酸 → 希硫酸

(3) 黄りん → 赤りん

(4) 硫黄 → 硫化水素

(5) 木炭 → 一酸化炭素

Point
(1) × H₂O（水）→ H₂O（蒸気）
状態変化であり，「蒸発」という．
(2) × H₂SO₄（水）→ H₂SO₄（蒸気）

水で薄めただけである．

(3) × P₄（黄りん）→ P（赤りん）

赤りんは，黄りんを密閉した容器で約250℃に加熱して得られる．

(4) × S + H₂ → H₂S

水素とくっつくため還元反応である．

(5) ○ 2C + O₂ → 2CO

酸化反応である．　正解（5）

問 16 地下街及び準地下街並びに無窓階又は居室（床面積が20m² 以下）の場所に設けられることが禁じられている消火器の組合せで正しいものはどれか．

	A	B
(1)	ハロゲン化物(ハロン1301を除く)	二酸化炭素
(2)	二酸化炭素	強化液
(3)	化学泡	二酸化炭素
(4)	ハロゲン化物(ハロン1301を除く)	強化液
(5)	化学泡	ハロゲン化物(ハロン1301を除く)

Point
ハロゲン化物（ブロモトリフルオロメタン（ハロン1301）を除く）又は二酸化炭素を放射する消火器は，地下街及び準地下街並びに換気について有効な開口部の面積が床面積に対して30分の1以下である地階，無窓階又は居室（床面積が20m² 以下）の場所に設けられることが禁じられている．消火に対する効果より，窒息死等の人体に有害であることに配慮したものと考えられる．　正解（1）

問 17 比重についての説明として，次のうち誤っているものはどれか．
(1) 水の比重は，4℃のときが最も大きい．
(2) 第4類の危険物の蒸気比重は，一般に1より小さい．
(3) 氷の比重は，1より小さい．
(4) 物質の蒸気比重は，分子量の大小で判断される．
(5) ガソリンが水に浮かぶのは，ガソリンが水に不溶で，かつ比重が1より小さいからである．

Point

(2) × 第4類危険物の蒸気比重は，一般に1より大きい．
正解（2）

主な第4類危険物の蒸気比重

種　類	蒸気比重
ジエチルエーテル	2.56
二硫化炭素	2.64
アセトアルデヒド	1.52
酸化プロピレン	2.0
ガソリン	3〜4
ベンゼン	2.77
トルエン	3.14
酢酸エチル	3.04
アセトン	2.0
メチルアルコール	1.11
灯油	4.5
軽油	4.5

問 18 次の記述のうち誤っているものはいくつあるか．
A 物質が酸化され，発熱と発光現象が伴えば，この物質は燃焼している．
B 酸素，燃焼物，点火源の3つの要素が揃わなければ燃焼しない．
C 燃焼範囲の下限値に達したときの液温が引火点である．
D 活性化エネルギーが大きいほど，燃焼しやすい．
E 熱伝導率が大きいほど燃焼しやすい．
(1) 1つ　　(2) 2つ　　(3) 3つ　　(4) 4つ　　(5) 5つ

> **Point**
> D × 活性化エネルギーが小さいほど，少ないエネルギーで燃焼を開始しやすい．
> E × 熱伝導率が小さいほど，加熱部分に熱が蓄積するので燃焼しやすくなる．

A，B，C はそれぞれ正しく，従って，正解は（2）である．　正解（2）

問 19 10℃のアルコール 300g と 30℃の水 100g を混合した場合の混合液の温度は何度になるか．次の（1）～（5）のうちから正しいものを選びなさい．

ただし，アルコールの比熱 2.38J/g・℃，水の比熱 4.2J/g・℃とし，混合による熱の生成，熱の出入りはないものとする．

(1) 13.4〔℃〕
(2) 15.4〔℃〕
(3) 17.4〔℃〕
(4) 19.4〔℃〕
(5) 21.4〔℃〕

> **Point**
> 熱量の計算式　$Q = C \cdot \Delta t = c \cdot m \cdot \Delta t$　の公式から，混合液の温度を X〔℃〕とすると，
> $$300 \times 2.38 \times (X - 10) = 100 \times 4.2 \times (30 - X)$$
> $714X - 7140 = 12600 - 420X$，　$714X + 420X = 12600 + 7140$
> $1134X = 19740$，　$X = 19740 \div 1134 = 17.4$〔℃〕　正解（3）

問 20 炭素 10g を燃やせば二酸化炭素が何 g できるか．

次の（1）～（5）のうちから正しいものを選びなさい．

ただし，分子量は C = 12，O = 16 とする．

(1) 33.7g
(2) 36.7g
(3) 39.7g
(4) 42.7g
(5) 45.7g

Point

化学式 C + O₂ → CO₂ により求める.

$$12g : (16×2) = 32g : (12 + 16×2) = 44g$$

炭素（10g）と二酸化炭素（X〔g〕）の関係から，

$$12 : 44 = 10 : X, \quad X = 44×10÷12 = 36.66 ≒ 36.7 〔g〕$$

従って，正解は（2）である. 　正解（2）

問 21 水素 50 ℓ を燃やすには何 ℓ の酸素が必要となるか.
次の（1）〜（5）のうちから正しいものを選びなさい.

(1) 25 〔ℓ〕
(2) 30 〔ℓ〕
(3) 35 〔ℓ〕
(4) 40 〔ℓ〕
(5) 45 〔ℓ〕

Point

化学式 2H₂ + O₂ → 2H₂O により求める.

$$(2×22.4) \; ℓ : 22.4 \; ℓ : (2×22.4) \; ℓ$$
$$2×22.4 : 22.4 = 50 : X$$

$$X = \frac{22.4×50}{2×22.4} = 25 〔ℓ〕$$

従って，正解は（1）である. 　正解（1）

問 22 沸騰と沸点に関する次の記述のうち，誤っているものはどれか.

(1) 一定圧力下で液体を加熱すると，液体の表面だけでなく液体の内部からも蒸発が激しく起こることを沸騰という.
(2) 沸騰中もエネルギーが液体から気体へと変化するためにだけ消費されるので，一定温度に維持される温度を沸点という.
(3) 一定圧力下で純粋な物質は，一定の沸点を有している.
(4) 蒸気の占める空間が小さいと蒸発がある程度進むと液体と蒸気が平衡に共存することを飽和という.
(5) 沸点は外圧に影響されて，外圧が低くなると沸点は上昇する.

重要問題

Point
(5) × 沸点は外圧に影響されて，外圧が「低くなる」ではなく「高くなる」と沸点は上昇する．　正解（5）

沸点は外圧の大小によって変化するため，外圧が高くなると沸点は上昇し，外圧が低くなると沸点は低下する．

富士山等の高い山頂で即席ラーメンを加熱しても沸点が100℃以下となっているために，半生の美味しくないラーメンを食することになる．

••

問23 0℃で 2,000 ℓ のガソリンが，30℃になると何 ℓ になるか．
次の（1）～（5）のうちから正しいものを選びなさい．
ただし，ガソリンの体膨張率は 0.00135 とする．

(1) 2,021 〔ℓ〕
(2) 2,041 〔ℓ〕
(3) 2,061 〔ℓ〕
(4) 2,081 〔ℓ〕
(5) 2,121 〔ℓ〕

Point
［計算過程］
30℃のときのガソリンの体積 V は，
$$V = V_0 (1 + \alpha t)$$
の式により求める．
ただし，$V_0 = 2,000$ 〔ℓ〕（元の体積）
$\alpha = 0.00135$
$t = 30$℃（温度差）
$V = 2,000 〔ℓ〕 \times (1 + 0.00135 \times 30) = 2,000 〔ℓ〕 + 81 〔ℓ〕 = 2,081 〔ℓ〕$
従って，正解は（4）である．　正解（4）

問 24 10℃で 20 ℓ の気体がある場合，この気体を 25 ℓ にするためには，温度を何℃にしたらよいか．次の（1）～（5）のうちから正しいものを選びなさい．

(1) 76.75 〔℃〕
(2) 78.75 〔℃〕
(3) 80.75 〔℃〕
(4) 82.75 〔℃〕
(5) 84.75 〔℃〕

Point　［計算過程］

$$\frac{V_2}{V_1} = \frac{t_2 + 273}{t_1 + 273}$$

$V_1 = 20$ 〔ℓ〕, $V_2 = 25$ 〔ℓ〕, $t_1 = 10$ 〔℃〕を代入して，

$$\frac{25 〔ℓ〕}{20 〔ℓ〕} = \frac{t_2 + 273}{10 + 273}$$

$t_2 = 1.25 \times 283 - 273 = 80.75$ 〔℃〕

従って，正解は（3）である．　正解（3）

問 25 温度 20℃のときの気体の体積を 5 倍にするには，温度は何℃になるか．次の（1）～（5）のうちから正しいものを選びなさい．

ただし，圧力は一定とする．

(1) 　792 〔℃〕
(2) 　892 〔℃〕
(3) 　992 〔℃〕
(4) 1,092 〔℃〕
(5) 1,192 〔℃〕

Point　［計算過程］

圧力は同じであり，$P_1 = P_2 = 1$, $V_1 = 1$, $V_2 = 5$ であるから，

$$\frac{1 \times 1}{273 + 20} = \frac{1 \times 5}{273 + t_2}$$

$t_2 = 5 \times 293 - 273 = 1,192$ 〔℃〕

従って，正解は（5）である．　正解（5）

© Noboru Nakajima 2014

改訂3版 甲種危険物予想問題集

2003年 6月10日	第1版第1刷発行
2007年 8月10日	改訂1版第1刷発行
2009年 5月15日	改訂2版第1刷発行
2014年 4月18日	改訂3版第1刷発行
2015年 4月17日	改訂3版第2刷発行

著 者　中(なか)　嶋(じま)　登(のぼる)

発行者　田　中　久　米　四　郎

発 行 所
株式会社　電　気　書　院
ホームページ　www.denkishoin.co.jp
（振替口座　00190-5-18837）
〒101-0051　東京都千代田区神田神保町1-3 ミヤタビル2F
電話(03)5259-9160／FAX(03)5259-9162

印刷　日経印刷株式会社
Printed in Japan／ISBN978-4-485-21029-1

- 落丁・乱丁の際は、送料弊社負担にてお取り替えいたします。
- 正誤のお問合せにつきましては、書名・版刷を明記の上、編集部宛に郵送・FAX（03-5259-9162）いただくか、当社ホームページの「お問い合わせ」をご利用ください。電話での質問はお受けできません。また、正誤以外の詳細な解説・受験指導は行っておりません。

JCOPY 〈(社)出版者著作権管理機構 委託出版物〉

本書の無断複写（電子化含む）は著作権法上での例外を除き禁じられています。複写される場合は、そのつど事前に、(社)出版者著作権管理機構（電話：03-3513-6969，FAX：03-3513-6979，e-mail: info@jcopy.or.jp）の許諾を得てください。また本書を代行業者等の第三者に依頼してスキャンやデジタル化することは、たとえ個人や家庭内での利用であっても一切認められません。